RaumFragen: Stadt – Region – Landschaft

Reihe herausgegeben von
Olaf Kühne, Forschungsbereich Geographie
Eberhard Karls Universität Tübingen, Tübingen, Deutschland
Sebastian Kinder, Forschungsbereich Geographie
Eberhard Karls Universität Tübingen, Tübingen, Deutschland
Olaf Schnur, Stadt- und Quartiersforschung, Berlin, Deutschland

RaumFragen: Stadt – Region – Landschaft | SpaceAffairs: City – Region – Landscape

Im Zuge des „spatial turns" der Sozial- und Geisteswissenschaften hat sich die Zahl der wissenschaftlichen Forschungen in diesem Bereich deutlich erhöht. Mit der Reihe „RaumFragen: Stadt – Region – Landschaft" wird Wissenschaftlerinnen und Wissenschaftlern ein Forum angeboten, innovative Ansätze der Anthropogeographie und sozialwissenschaftlichen Raumforschung zu präsentieren. Die Reihe orientiert sich an grundsätzlichen Fragen des gesellschaftlichen Raumverständnisses. Dabei ist es das Ziel, unterschiedliche Theorieansätze der anthropogeographischen und sozialwissenschaftlichen Stadt- und Regionalforschung zu integrieren. Räumliche Bezüge sollen dabei insbesondere auf mikro- und mesoskaliger Ebene liegen. Die Reihe umfasst theoretische sowie theoriegeleitete empirische Arbeiten. Dazu gehören Monographien und Sammelbände, aber auch Einführungen in Teilaspekte der stadt- und regionalbezogenen geographischen und sozialwissenschaftlichen Forschung. Ergänzend werden auch Tagungsbände und Qualifikationsarbeiten (Dissertationen, Habilitationsschriften) publiziert.

Herausgegeben von
Prof. Dr. Dr. Olaf Kühne, Universität Tübingen
Prof. Dr. Sebastian Kinder, Universität Tübingen
PD Dr. Olaf Schnur, Berlin

In the course of the "spatial turn" of the social sciences and humanities, the number of scientific researches in this field has increased significantly. With the series "RaumFragen: Stadt – Region – Landschaft" scientists are offered a forum to present innovative approaches in anthropogeography and social space research. The series focuses on fundamental questions of the social understanding of space. The aim is to integrate different theoretical approaches of anthropogeographical and social-scientific urban and regional research. Spatial references should be on a micro- and mesoscale level in particular. The series comprises theoretical and theory-based empirical work. These include monographs and anthologies, but also introductions to some aspects of urban and regional geographical and social science research. In addition, conference proceedings and qualification papers (dissertations, postdoctoral theses) are also published.

Edited by
Prof. Dr. Dr. Olaf Kühne, Universität Tübingen
Prof. Dr. Sebastian Kinder, Universität Tübingen
PD Dr. Olaf Schnur, Berlin

Weitere Bände in der Reihe http://www.springer.com/series/10584

Karsten Berr · Corinna Jenal · Olaf Kühne ·
Florian Weber

Landschaftsgovernance

Ein Überblick zu Theorie und Praxis

Karsten Berr
Eberhard Karls Universität Tübingen
Tübingen, Deutschland

Corinna Jenal
Eberhard Karls Universität Tübingen
Tübingen, Deutschland

Olaf Kühne
Eberhard Karls Universität Tübingen
Tübingen, Deutschland

Florian Weber
Universität des Saarlandes
Saarbrücken, Deutschland

Der Publikation liegt die wissenschaftliche Begleitforschung des EU-Projektes ‚LOS_DAMA! Landscape and Open Space Development in Alpine Metropolitan Areas' zu Grunde, welches neue Strategien für den Schutz und die nachhaltige Entwicklung der Natur- und Kulturgüter in peri-urbanen Landschaften in alpinen Metropolen adressiert. Projektförderung: Dieses Projekt wird von der Europäischen Union über den Interreg Alpine Space kofinanziert (EU-Interreg Alpenraumprogramm, Priorität 3 – Lebenswerter Alpine Space, Spezifisches Teil 1 – Nachhaltige Inwertsetzung des Natur- und Kulturerbes). Die Verantwortung für den Inhalt dieser Veröffentlichung liegt bei der Autorin und den Autoren.

ISSN 2625-6991   ISSN 2625-7009 (electronic)
RaumFragen: Stadt – Region – Landschaft
ISBN 978-3-658-27483-2   ISBN 978-3-658-27484-9 (eBook)
https://doi.org/10.1007/978-3-658-27484-9

Die Deutsche Nationalbibliothek verzeichnet diese Publikation in der Deutschen Nationalbibliografie; detaillierte bibliografische Daten sind im Internet über http://dnb.d-nb.de abrufbar.

Springer VS
© Springer Fachmedien Wiesbaden GmbH, ein Teil von Springer Nature 2019
Das Werk einschließlich aller seiner Teile ist urheberrechtlich geschützt. Jede Verwertung, die nicht ausdrücklich vom Urheberrechtsgesetz zugelassen ist, bedarf der vorherigen Zustimmung des Verlags. Das gilt insbesondere für Vervielfältigungen, Bearbeitungen, Übersetzungen, Mikroverfilmungen und die Einspeicherung und Verarbeitung in elektronischen Systemen.
Die Wiedergabe von allgemein beschreibenden Bezeichnungen, Marken, Unternehmensnamen etc. in diesem Werk bedeutet nicht, dass diese frei durch jedermann benutzt werden dürfen. Die Berechtigung zur Benutzung unterliegt, auch ohne gesonderten Hinweis hierzu, den Regeln des Markenrechts. Die Rechte des jeweiligen Zeicheninhabers sind zu beachten.
Der Verlag, die Autoren und die Herausgeber gehen davon aus, dass die Angaben und Informationen in diesem Werk zum Zeitpunkt der Veröffentlichung vollständig und korrekt sind. Weder der Verlag, noch die Autoren oder die Herausgeber übernehmen, ausdrücklich oder implizit, Gewähr für den Inhalt des Werkes, etwaige Fehler oder Äußerungen. Der Verlag bleibt im Hinblick auf geografische Zuordnungen und Gebietsbezeichnungen in veröffentlichten Karten und Institutionsadressen neutral.

Springer VS ist ein Imprint der eingetragenen Gesellschaft Springer Fachmedien Wiesbaden GmbH und ist ein Teil von Springer Nature.
Die Anschrift der Gesellschaft ist: Abraham-Lincoln-Str. 46, 65189 Wiesbaden, Germany

Inhaltsverzeichnis

1 Einleitung: Von hierarchischer Steuerung über (Post)Governance
zu einer konfliktregulierenden Landschaftsgovernance 1

2 Landschaft: Entwicklungslinien und Gesellschaftsrelationierungen....... 5
   2.1 Landschaft – eine Annäherung..................................... 5
   2.2 Der dreifache Landschaftswandel 10
   2.3 Landschaft, Gesellschaft und Gerechtigkeit 14

3 Government, Governance und Postgovernance als Konzepte
politischer Steuerung von Gesellschaft................................. 17
   3.1 Government und Governance – von der Hierarchie zum Netzwerk 17
   3.2 Postgovernance und Overgovernance 20
   3.3 Eine produktive Auffassung von Konflikten in Anschluss an die
       Konflikttheorie Ralf Dahrendorfs 24

4 Landschaftsgovernance – eine Zusammenschau 29

5 Praxis Landschaftsgovernance: Steuerungsformen,
Konfliktauswirkungen und Perspektivenabhängigkeiten 33
   5.1 Kollaborative Landschaftsgovernance auf unterschiedlichen
       administrativen Ebenen als Zielsetzung und Herausforderung 33
   5.2 Partizipative Landschaftsgovernance im Hinblick auf nicht-staatliche
       Akteur~innen und die Problematik von Konsenserwartungen 35
   5.3 Grenzüberschreitende Landschaftsgovernance 40
   5.4 Landscape Approaches: Die Relevanz unterschiedlicher Verständnisse
       von ‚Landschaft' und deren praxisbezogene Konsequenzen............ 49

6 Fazit: Governance – Landschaftsgovernance – Reflexionsbedarfe 55

Literatur... 57

Einleitung: Von hierarchischer Steuerung über (Post)Governance zu einer konfliktregulierenden Landschaftsgovernance

‚Landschaft' spielt in der Umgangssprache in lebensweltlichen Kontexten sowie in unterschiedlichen Expert~innenkreisen und wissenschaftlichen Disziplinen eine bedeutsame Rolle. Der ‚semantische Hof' (Hard 1969) des Landschaftsbegriffs ist mit einer reichhaltigen Semantik verknüpft, die als soziokulturell vermitteltes geschichtliches Produkt ‚sedimentierter Erfahrungen' (vgl. Schütz und Luckmann 2003 [1975]) von Individuen, Gruppen und (Teil-)Gesellschaften (re)konstruiert werden kann. Diese Semantik bietet in der Fülle unterschiedlicher Konnotationen viele Anknüpfungsaspekte für vielfältige Theorie- ebenso wie Praxisformen. Der ‚Praxis'-Begriff wird als „Umgang mit und in der Welt" verstanden, der sich, Nassehi (2017, S. 134) folgend, „praktisch bewährt hat" und sich im Zusammenhang dieses Überblicks in der ‚konkreten' Auseinandersetzung mit ‚Landschaftsfragen', gerade auch der Berufspraxis, widerspiegelt. Er ist damit nicht im Kontext von ‚Praxistheorien' zu verorten. Aufgrund der alltagsweltlichen Relevanz und angesichts der vielfältigen Bezugnahmen im Kontext infrastruktureller Großvorhaben – wie etwa im Zuge der Energiewende – oder großräumigen Naturschutzmaßnahmen (zur Illustration Abb. 1.1) ist ‚Landschaft' aktuell ein ubiquitäres Phänomen in ‚Landschaftstheorie und Landschaftspraxis' (Kühne 2018e) – damit auch innerhalb räumlicher Planung –, die sich in der jüngeren Vergangenheit neuen Steuerungsformen geöffnet haben.

Gravierende Veränderungen in Politik und Gesellschaft (etwa die Komplexitätssteigerung gesellschaftlicher Verhältnisse, die Bildungsexpansion, die Auflösung der Klassen- und Schichtgesellschaft und die damit verbundene Auflösung klassischer Wähler~innenbindungen) haben in den letzten Jahrzehnten zu neuen theoretischen Modellen und praktischen Formen politischer Steuerung geführt. Global verbreitete oder wirksame Phänomene wie beispielsweise der Klimawandel mit seinen Folgen, Flüchtlings- und Migrationsströme, Energieversorgungsfragen etc. lassen sich politisch-konzeptionell und organisatorisch nicht länger rein national, sondern nur auf

Abb. 1.1 Beispiele für Ergebnisse von Aushandlungen um ‚Landschaft'. (Quelle: Eigene Aufnahmen der Autorin und der Autoren)

supranationaler Ebene steuern oder zumindest beeinflussen (Beck 2007; Gailing 2014, 2019; Jessop 2002; Mayntz 1997; Seibel 2016). Zudem hat sich in Wissenschaft und darüber hinaus weitgehend die Erkenntnis durchgesetzt, dass sich Gesellschaften nicht in ihrer Gesamtheit steuern lassen, sondern – etwa nach Luhmann (1984, 2017) – durch Teilsysteme mit spezifischen Wahrnehmungs-, Thematisierungs-, Entscheidungs- und Handlungslogiken geprägt sind, die jeweils mit spezifischen gesellschaftlichen Aufgaben- und Problemstellungen befasst sind. Eine politische und staatliche Steuerung ausschließlich ‚von oben' (‚top down'), die sich über Teilsystemlogiken, unterschiedliche Akteur~innenkonstellationen und (neuerdings) den Einfluss der Massenmedien (heute zunehmend eines wenig hierarchisch strukturierten Internets) hinwegsetzen will, ist bei Strafe politisch-administrativer Wirkungslosigkeit und demokratischer Inakzeptanz wie Inakzeptabilität (zu Akzeptanz und Akzeptabilität vgl. Hubig 2007) nicht länger möglich. Politik steht daher angesichts zunehmender Partizipationsbestrebungen der Bürger~innen unter wachsendem politischen Legitimierungsdruck (vgl. Kühne 2014b, S. 164; Walter et al. 2013). Die Bereitschaft der Bürger~innen, politische, verwaltungsorganisatorische oder wirtschaftliche Entscheidungen kritik- und widerstandslos hinzunehmen, sinkt stetig, was sich an zahlreichen Protesten bei Großbauprojekten wie ‚Stuttgart 21' (Brettschneider 2015; Brettschneider und Schuster 2013; Göttinger Institut für Demokratieforschung 2010; Krüger 2012; Reuter 2001; Thaa 2013), Konflikten um Landschaftsveränderungen (vgl. exemplarisch die Beiträge in Berr und Jenal 2019a) oder bei Projekten der Energiewende (vgl. exemplarisch die Beiträge in Hoeft et al. 2017; Kühne und Weber 2018) beobachten und belegen lässt.

Entsprechend wurde in Theorie und Praxis eine Entwicklung von hierarchischen (‚Government') hin zu kooperativen Steuerungsmodellen (‚Governance') zwischen staatlichen und nicht-staatlichen Akteur~innen eingeleitet – auch in der raumbezogenen (Landschafts)Planung. Die Vorteile eines beteiligenden Ansatzes werden angesichts verschiedener Schwierigkeiten, die sich in Theorie wie Praxis manifestieren, allerdings heute zunehmend relativiert und legen eine ergänzende Perspektive nahe, die *konflikttheoretisch* diese Schwierigkeiten analytisch erfassen und Wege angemessener Umgangsweisen mit ihnen aufzeigen kann. In diesem Überblick wird daher das Ziel verfolgt, die Vor- und Nachteile von ‚Landschaftsgovernance' – im Sinne einer Steuerung von Landschaftsentwicklungen – herauszustellen, in konflikttheoretischer Perspektive zu vermitteln und den theoretischen wie praktischen ‚Mehrwert' dieser Perspektive für kooperative, kollaborative und partizipative Landschaftsgovernance zu skizzieren.

Zunächst (Kap. 2) wird eine Annäherung an ‚Landschaft' über ihre Geschichte und ihre semantischen Konnotationen sowie über ihre gesellschaftliche Relevanz vollzogen. Daran anschließend (Kap. 3) wird ein Überblick über die Entwicklung von ‚Government'- zu ‚Governance'-Formen als Konzepte einer politischen Steuerung von Gesellschaft gegeben. Es werden die relativen Vorzüge und Nachteile dieser Ansätze herausgestellt und aufgezeigt, warum gegenwärtig eher von einer Phase der ‚Postgovernance' gesprochen werden kann. Auf dieser Grundlage wird eine Zusammenschau verschiedener Funktionen und Formen von Landschaftsgovernance skizziert (Kap. 4).

Im Anschluss daran (Kap. 5) werden – konflikttheoretisch angereichert – zunächst kollaborative Formen von Landschaftsgovernance auf kommunaler und regionaler Ebene und im Anschluss die Partizipation nicht-staatlicher Akteur~innen thematisiert und diskutiert, bevor Spezifika grenzüberschreitender Landschaftsgovernance Beachtung geschenkt wird. So genannte ‚Landscape Approaches' als Formen einer allgemeinen Sprachgebrauchs- und Deutungsreflexion auf ‚Landschaft' erweisen sich bei näherer Betrachtung als spezifische Vorschläge für Landschaftsgovernance. Zusammenfassend werden zentrale Inhalte rekapituliert und weitere Forschungsausblicke und -bedarfe herausgestellt (Kap. 6).

2 Landschaft: Entwicklungslinien und Gesellschaftsrelationierungen

Wie eingangs skizziert, spielt ‚Landschaft' in lebensweltlichen Sprech- und Vorstellungsweisen, in der Praxis von Expert~innen und in wissenschaftlichen Wissensbeständen und Aushandlungsprozessen eine bedeutsame theoretische wie praxiswirksame Rolle. Doch welche Sprechweisen und welche soziokulturellen historischen Vermittlungsetappen gehen seiner gegenwärtigen Bedeutung und Verwendungsweise voraus? In einer ersten Annäherung werden die Begriffsgeschichte und der grundlegende konstitutionstheoretische Hintergrund entfaltet (Abschn. 2.1). Daran anschließend wird zuerst ein dreifacher Landschaftswandel erläutert (Abschn. 2.2), dann werden grundlegende Zusammenhänge zwischen ‚Landschaft' und Gesellschaft angesprochen, die in (Landschafts)Governance-Prozessen eine zentrale Bedeutung einnehmen (Abschn. 2.3).

2.1 Landschaft – eine Annäherung

‚Landschaft' kann *genetisch* – sozial-, kultur- und insbesondere kunsthistorisch betrachtet – als eine spezifische Form virtueller Realität rekonstruiert werden. In Antike und Mittelalter waren allegorische Fantasien und Topoi in Dichtung und Malerei bekannt, die einen lieblichen Ort schöner Natur *(‚locus amoenus')* (Curtius 1954, S. 202) oder einen sagenumwobene Raum namens ‚Arkadien' beschrieben oder darstellten (vgl. z. B. Eisel und Körner 2009; Frizell 2009; Hard 1991, 2002a; Hokema 2009, 2013; Küster 2012; Prominski 2004; Roters 1995). In der Renaissance wurden diese Topoi in den Landschaftsgemälden von beispielsweise Claude Lorrain, Nicolas Poussin und Salvator Rosa aufgegriffen und weiterentwickelt, indem sie eine deutlich idealisierte Naturkulisse inszenierten, die so, wie dargestellt, keineswegs eine ‚realistische' Landschaft darstellten. Im Rahmen einer langen Sozial- und Kulturgeschichte wird allmählich gelernt, Natur als Landschaft zu deuten (vgl. Hammerschmidt und Wilke 1990; Hard 2002b, S. 177).

‚Landschaft' wurde also verstärkt als „„geschaute[r] Naturausschnitt"" (Schenk 2017, S. 676) verfestigt. Im 18. und 19. Jahrhundert gewinnen diese idealisierten Naturbilder (Hard 1991) in den ‚begehbaren Bildern' der englischen Landschaftsgärten (Buttlar 1989, S. 14) eine dreidimensionale künstliche Wirklichkeit. Und in der Literatur und Malerei der Romantik werden diese Bilder an die Wahrnehmung und Emotionalität eines Individuums gebunden (Gruenter 1975; Langen 1975; Ritter 1996; Spanier 2006), das am Ende dieser langen Vermittlungsgeschichte die ehedem ‚virtuelle' als nunmehr ‚reale' Wirklichkeit ansieht. Es kommt zur ‚Reifikation' eines Bildes oder Anschauungsraumes zu einem räumlichen Ausschnitt der Wirklichkeit (Hard 1991; Körner 2006b; Kühne 2018e). Das im Zuge dieser Vermittlungsgeschichte in der Kunst entwickelte Konstruktions- und Darstellungsschema, das physische Objekte zum artifiziellen (‚virtuellen') Anschauungsraum ‚Landschaft' synthetisiert (vgl. Burckhardt 1976; Lehmann 1968; Ritter 1996; Simmel 1990), wird der Kunst ‚nachgeahmt' und auf die ‚Wirklichkeit' außerhalb der Kunst übertragen (Hard 1991; vgl. Hauck 2014; Kühne 2018e). Dieser Konstitutions- oder Konstruktionsmechanismus musste von Forscher~innen und Wissenschaftler~innen des 19. und 20. Jahrhunderts wie Jacob Burckhardt (1976), Georg Simmel (1990), Joachim Ritter (1996) und Lucius Burckhardt (2006b) – um nur einige zu nennen – zuerst einmal herausgearbeitet werden, um verstehen zu können, dass und inwiefern das deutschsprachige Wort ‚Landschaft' ein sozial und kulturell vermitteltes ‚Konstrukt' darstellt. Die Vorstellung ‚natürlich gegebener Landschaft' wurde und wird damit immer stärker hinterfragt, ist gleichzeitig bis heute in vielen Bereichen, gerade im Alltag, wirkmächtig verankert.

Das Konstrukt ‚Landschaft' ist bis heute mit einer reichhaltigen Semantik verknüpft. In den letzten Jahrzehnten haben Wissenschaftler~innen unterschiedlicher Disziplinen disziplinär wie interdisziplinär den ‚semantischen Hof' (Hard 1969) des Landschaftsbegriffs untersucht (vgl. z. B. Hard 1970; Hard und Gliedner 1977; die jeweiligen Beiträge von Hartlieb von Wallthor und Quirin 1977; in Ritter 1975; Ritter 1996; Smuda 1986). Ein Ergebnis dieser Forschungen ist eine von vielen Landschaftsforscher~innen anerkannte kulturhistorische Rekonstruktion der *Genese* des westlichen Landschaftsbegriffes, die diachron drei Hauptbedeutungen von ‚Landschaft' unterscheidet (vgl. z. B. Berr und Schenk 2019; Gruenter 1975; Haber 2001; Hard 1991, 2002a; Jackson 1984; Jessel 2005; Kühne 2018e; Leibenath und Gailing 2012; Schenk 2013, 2017):

1) Landschaft als *‚regio'* (Hard 1977, 1991; Kortländer 1977; Schmithüsen 1973), d. h. eine ursprünglich rechtlich-territorial-politische Bedeutung;
2) Landschaft als *‚Bild'* und *‚Seelensymbol'* (Gruenter 1975; Hard 1977), d. h. eine im Zeitverlauf hinzutretende ästhetisch-emotionale Bedeutung;
3) Landschaft als *‚Erdraum'* (Oppel 1884) oder *‚Erdgegend'* (Leibenath und Gailing 2012), d. h. eine physische oder ontische Bedeutung.

‚Landschaft' kann etymologisch von „*lantschaft*" (Gruenter 1975) beziehungsweise „*lantscaf*" (Müller 1977) – zurückverfolgbar bis in das 9. Jh. – abgeleitet werden und

2.1 Landschaft – eine Annäherung

bezeichnet in der ursprünglichen Bedeutung als ‚regio' einen „größeren Siedlungsraum mit gewissen historisch-sozialen Gemeinsamkeiten" (Müller 1977, S. 7), der durch ein „althergebrachtes lokal-regionales Gewohnheitsrecht" von „verschiedenen an der Herrschaft beteiligten Gruppen im Land" (Trepl 2012, S. 161, 163) geprägt war und einen „Herrschaftsbezirk" (Ipsen 2006, S. 73) markierte. ‚Landschaft' als ‚regio' ist noch kein ästhetischer Anschauungsraum oder ein räumliches Gebiet mit naturhaften Assoziationen. Erst später wurde ‚Landschaft' in territorialer Bedeutung auch auf dieses räumliche Gebiet selbst und im Hochmittelalter auf die ‚Landstände' als ‚Repräsentanten' der ‚ganzen Landschaft' (Hard 1977, S. 14) übertragen. Eine räumliche Umgebung innerhalb eines Territoriums (‚regio') *ästhetisch* als ‚Landschaft' anzusehen, war noch nicht möglich, denn das für eine ästhetische Landschaftsanschauung erforderliche ‚landschaftliche Auge' (Riehl 1996) war kulturgeschichtlich noch nicht ausgebildet und sozial vermittelt. Diese Vermittlungs- und Entwicklungsgeschichte weist drei entscheidende Stationen auf:

- Erstens benutzte die Landschaftsmalerei ‚Landschaft' als „Terminus technicus für das einen Naturausschnitt darstellende Gemälde" (Müller 1977, S. 9), und es war dieser Fachbegriff, der sich im allgemeinen europäischen Sprachgebrauch in den nationalsprachlichen Variationen (‚landschap', ‚paesaggio', ‚paysage', ‚landscape'; siehe hierzu ausführlicher Bruns et al. 2015; Bruns 2016; Bruns und Kühne 2013; Bruns und Münderlein 2019) durchgesetzt (Gruenter 1975, S. 198) hat. Entscheidend war grundlegend auch die Ausbildung einer Fähigkeit, diese Art ästhetischer ‚Landschaft' zu ‚sehen'. Den in Landschaftsbildern Dargestellten, gerade Bauern, blieb ein ‚Landschaftssehen' zunächst „unbekannt und unzugänglich" (Haber 2001, S. 7), womit ‚Landschaft' zur „Erfindung der Städter" wurde (Burckhardt 2006a, S. 272). Die politischen Konnotationen des Terminus ‚Landschaft' verloren gegenüber den ästhetischen fortan zunehmend an Bedeutung (Haber 2001, S. 8; Schenk 2013, S. 26).
- Zweitens wurden diese Naturbilder literarisch aufgegriffen und in der Romantik als ‚Landschaft' zum ‚Seelensymbol' (Gruenter 1975), zur ‚Stimmungslandschaft' (Langen 1975) oder zur ‚Seelenlandschaft' (Spanier 2006) erhöht. ‚Landschaft' wurde somit an die *Emotionalität* der Betrachter~innen gebunden (Ritter 1996), was sich bis heute perpetuiert (vgl. Abb. 2.1).
- Drittens übertrug der Landschaftsgarten gestalterisch das durch Landschaftsmalerei und Literatur etablierte Bild und Sehmuster ‚Landschaft' in einen *physischen* Raum. Fortan konnten räumliche Umgebungen unter Absehung von politischen und ästhetischen Assoziationen als ‚*Erdraum*' (Oppel 1884) oder ‚*Erdgegend*' (Leibenath und Gailing 2012) aufgefasst werden – zeitweise eng als Verkoppelungen aus ‚Kultur' und ‚Natur' und damit essentialistisch-wesenhaft gedacht (Paffen 1973; vgl. hierzu einordnend u. a. Wardenga 1989; Weber und Kühne 2019).

‚Landschaft' unterlag und unterliegt damit im Zeitverlauf unterschiedlichen Bedeutungsverschiebungen (vgl. Abb. 2.2), von einem zunächst eher politisch-territorial gefassten Terminus über eine Ausweitung zugunsten eines ‚Schauens' von Landschaft – verbunden

Abb. 2.1 Fotografie an der Saarschleife im Saarland – ein moderner Caspar David Friedrich. (Quelle: Aufnahme Corinna Jenal 2018)

mit Ästhetisierungen und Emotionalisierungen – als „ein elitäres Attribut der Oberschicht" (Gailing und Leibenath 2012, S. 98) hin zu einem Begriff der Alltagssprache (Hard 2002b, S. 177; Schenk 2013, S. 27), der analytisch betrachtet immer stärker als soziales Konstrukt gefasst wird (Kühne et al. 2018, 2019).

Grundlegender konstitutionstheoretischer Hintergrund der Konstruktion individueller oder teilsystemspezifischer Landschaftsvorstellungen ist die von Immanuel Kant Ende des 18. Jahrhunderts vollzogene Wende von einem objekt- zu einem vollzugsorientierten Reflektieren über die ‚Wirklichkeit' (Kant 1959): Die Bedingungen beziehungsweise Voraussetzungen jedweder Erfahrung und Erkenntnis von Wirklichkeit liegen nicht in den Gegenständen, sondern in den Subjekten der Gegenstandserfahrung und -erkenntnis. Nachfolgende Theoretiker haben die Rolle der Sprache, des Handelns und historischer wie gesellschaftlicher Rahmenbedingungen berücksichtigt. Herder und Hegel haben im 18. und 19. Jahrhunderts gezeigt, wie Menschen sich in einer geschichtlich variablen und soziokulturell vermittelten Welt einrichten (exemplarisch: Hegel 1996, 2003; Herder 1964). Der amerikanische Pragmatismus erforschte gegen Ende des 19. Jahrhunderts den Zusammenhang zwischen Handlungen und jeweiliger Weltbetrachtung (exemplarisch: James 1994). Im 20. Jahrhundert leitete Wittgenstein (1995) den ‚linguistic turn' ein, der die sprachliche Vermitteltheit aller Weltkonstitution thematisierte. Husserl (2007) hat in seiner späten Phänomenologie der Lebenswelt die Rolle vorwissenschaftlichen Alltagswissens für Weltkonstitutionen herausgearbeitet. Heidegger (1993) hat gezeigt, dass und wie Menschen ihre ‚Welt' durch alltägliches Handeln aufbauen und sich in dieser ‚Welt'

2.1 Landschaft – eine Annäherung

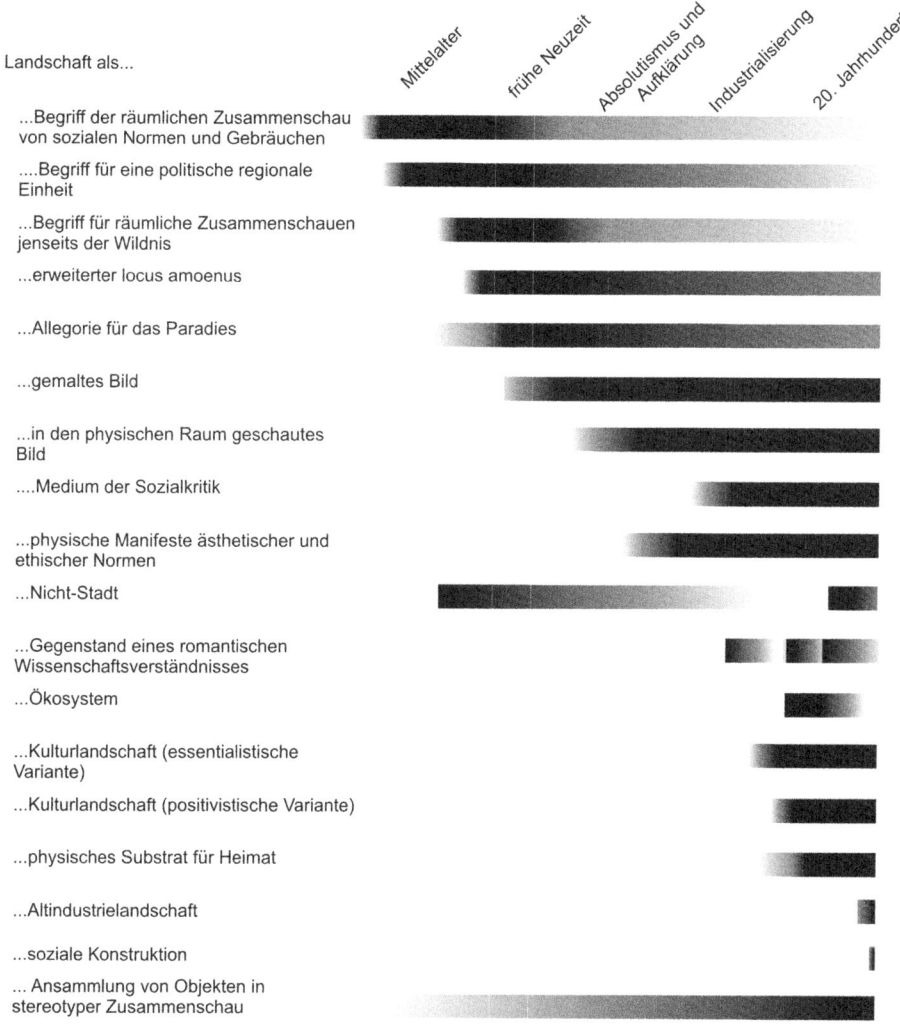

Abb. 2.2 Die Entwicklung des ‚semantischen Hofes' von Landschaft in zeitlicher Abfolge – die Intensität der Graufärbung symbolisiert die Intensität der Ausprägung. (Quelle: Kühne 2018e, S. 46)

vorwissenschaftlich, pragmatisch und ‚umsichtig' orientieren können. Andere Phänomenologen betonten beispielsweise den narrativen Charakter individueller Weltkonstitution (Schapp 1953) oder die spezifischen Bedingungen, die ‚Raum' konstituieren (Bollnow 1994). Berger und Luckmann (2016 [engl. Original 1966]) haben in Anknüpfung an Max Webers (1976, S. 1–30) Begriff des ‚sinngeleiteten Handelns' an Husserls Darstellung der Bedeutung intersubjektiver Erfahrungen für die Subjektkonstitution (vgl. Zahavi 2007) und an Alfred Schütz' Thematisierung des von Handelnden mit ihrem Handeln verbundenen Sinn (Schütz 1971, 2004; Schütz und Luckmann 2003) die ‚gesellschaftliche Konstruktion der Wirklichkeit' herausgestellt, rekonstruiert und beschrieben (vgl. Kühne 2018e, S. 8–9).

‚Wirklichkeit' kann nun als soziales Konstrukt verstanden werden, das im sozio-politischen Raum konstituiert, von Individuen aufgegriffen und verinnerlicht, verändert oder abgewiesen werden kann (Berger und Luckmann 2016 [engl. Original 1966]; Pörksen 2015). Wirklichkeit als „wissensunabhängiger Bezugsgegenstand" kann und muss „als eine Fiktion" (Knorr-Cetina 1989, S. 89) betrachtet werden. ‚Landschaft' ist damit in einer konstruktivistischen Perspektive nicht als ‚reales Objekt', sondern als ein beobachter~innenabhängiges soziales Konstrukt (siehe dazu u. v. Aschenbrand 2017; Cosgrove 1984; Greider und Garkovich 1994; Ipsen 2006; Kühne 2006a, 2012, 2017a, 2018d, 2019d; Kühne und Schönwald 2015; Leibenath et al. 2013; Leibenath 2013; Weber 2015a, 2018a), als „a way of seeing" (Cosgrove 1984, S. 13) aufzufassen, das heißt, ‚Landschaft' ist nicht ‚objektiv gegeben', sondern das Ergebnis eines Prozesses der Zuschreibung von Sinn und Bedeutung (Kühne 2018e). Differenztheoretisch wird die Unterscheidung zwischen ‚Landschaft' und ‚Nicht-Landschaft' über Prozesse der „Gestaltbildung" (Kühne 2018e, S. 23) getroffen, als eine Art des Ordnens, „die nicht im Wesen von Dingen begründet werden kann, sondern auf die Prozesse des Ordnens und die Ordner (Beobachter) verweist" (Miggelbrink 2002, S. 338). Wie sich ‚Landschaft' nun gesellschaftlich wie individuell, ausgehend von Elementen des physischen Raumes, konstituiert und verändert, gilt es im Folgenden weitergehend zu bestimmen.

2.2 Der dreifache Landschaftswandel

‚Landschaft' kann vieles sein, sie ist vor allem eines: sehr wandelbar. Dies betrifft nicht nur die materielle Welt, in der wir sie gerne erblicken, es betrifft auch gesellschaftliche Konventionen, *was* wir *wie* als ‚Landschaft' bezeichnen, und es betrifft auch unsere persönlichen Vorlieben, Bindungen und Ablehnungen (dazu auch Kost und Schönwald 2015; Kühne et al. 2017). Kurz: ‚Landschaft' ist einem dreifachen Wandel unterworfen.

Wird von Landschaftswandel gesprochen, so geschieht dies in der Regel im Hinblick auf einen Wandel in der physischen Welt – so wie etwa der Ausbau regenerativer Energien, der landwirtschaftliche Strukturwandel, die Gewinnung von Rohstoffen, das Wachstum der Städte und vieles mehr, ‚die Landschaft' verändern (vgl. Abb. 1.1). Eine solche Sichtweise ist sehr voraussetzungsreich, denn einerseits geht sie davon aus, ‚Landschaft' sei ein materieller Gegenstand, andererseits, es gäbe die *eine* ‚Landschaft' (vgl. einführend bspw. Weber und Kühne 2019). Eine solche Sichtweise wurde in den vergangenen Jahrzehnten in den Kultur- und Sozialwissenschaften in Zweifel gezogen. So formulierte der Schweizer Landschaftsforscher Lucius Burckhardt einmal: ‚Landschaft entsteht im Kopf' (Burckhardt 2006a). Sie ist damit nicht ein materieller Gegenstand, sondern entsteht dadurch, dass wir Sinneseindrücke in unserem Bewusstsein kombinieren und diese Kombination ‚Landschaft' nennen, häufig versehen mit Adjektiven wie ‚schön', ‚romantisch', ‚industriell' oder ‚hässlich' (Hokema 2013; Kühne 2019c). Doch diese Zuschreibungen entstehen nicht aus uns selbst heraus, sondern basieren auf gesellschaftlichen Konventionen, die wir erlernen und an denen wir uns reiben (können).

Wie alle komplexen Begriffe, muss auch der Begriff der ‚Landschaft' erlernt werden. Was wir in welchen sozialen und räumlichen Kontexten als ‚Landschaft' (gerne mit Adjektiv) ohne Verlust sozialer Anerkennung bezeichnen dürfen, erlernen wir im Laufe unseres Lebens (Kühne 2008a). Dabei lassen sich drei unterschiedliche Modi des Erlernens unterscheiden: die ‚heimatliche Normallandschaft', die ‚stereotype Landschaft' und – dann, wenn wir uns entschließen, mit dem Thema ‚Landschaft' professionell umzugehen – ‚expert~innenhafte Sonderwissensbestände' (Hunziker et al. 2008; Kühne 2018b, 2019b; Stotten 2013).

Die ‚heimatliche Normallandschaft' wird insbesondere im Kindesalter entwickelt. Insbesondere durch eigene Erfahrungen, aber durch die Vermittlung von Eltern, Großeltern, Geschwistern etc. wird das Umfeld des elterlichen Wohnsitzes erkundet. Was angetroffen wird, ist ‚normal' und wird nicht kritisch hinterfragt, es entstehen heimatliche Bindungen an die Umgebung. Demgegenüber ist die ‚stereotype Landschaft' stärker kognitiv vermittelt. Eigens durch Schule, Filme, Bücher, das Internet etc. werden Vorstellungen an das Individuum herangetragen, wie eine ‚schöne', ‚natürliche', ‚hässliche' etc. ‚Landschaft' auszusehen hat. Sie ist hier nicht mehr das, was ich erlebe, sondern das, was ich betrachte und beurteile. Noch distanzierter erfolgt die Betrachtung dessen, was wir ‚Landschaft' nennen, auf Grundlage ‚expert~innenhafter Sonderwissensbestände', die in der Regel durch ein wissenschaftliches Studium mit Landschaftsbezug erworben werden – und stark defizitorientiert sind (Kühne 2008b; Weber 2017). ‚Landschaft' wird so zum ‚Gegenstand' von Optimierungsbemühungen. Doch: Was als Optimum gilt, ist fachspezifisch sehr unterschiedlich, so hat etwa ein Landschaftsplaner (in Teilen) eine andere Vorstellung einer Optimallandschaft als ein Touristiker oder eine Agrarwissenschaftlerin.

Schon in einer Welt ohne Landschaftswandel wären also Konflikte vorprogrammiert, da die Sichtweisen auf das, was wir ‚Landschaft' nennen, sehr vielfältig sind, nicht allein zwischen Expert~innen unterschiedlicher Fachrichtung, sondern auch zwischen diesen und den ‚stereotypen' Vorstellungen von ‚Landschaft' (so decken sich die Vorstellungen von einer ‚stereotyp schönen Landschaft' nicht zwingend mit den Vorstellungen einer ‚ökonomisch produktiven' oder ‚natürlichen' ‚Landschaft') und der ‚heimatlichen Normallandschaft'. Spätestens mit dieser wird das Thema ‚Wandel' virulent, denn Räume, die unter Modus der ‚heimatlichen Normallandschaft' erlebt werden, müssen nicht stereotyp schön oder naturschutzfachlich (alternativ: ökonomisch, infrastrukturell…) wertvoll sein, sondern vertraut und stabil. Wandel von physischen Objekten (etwa die Errichtung eines Windparks) wird hier also als Bedrohung von ‚Heimat' gesehen (unter vielen: Körner 2005; Kühne 2009; Kühne und Weber 2019; Marg 2017; Stotten 2019). Inwiefern der Wandel von Objekten unter dem Modus der ‚stereotypen Landschaft' abgelehnt wird, ist davon abhängig, ob dieser Wandel überhaupt wahrgenommen wird (dies gilt auch für den Modus der ‚heimatlichen Normallandschaft'), wenn ja, als ‚positiv' oder ‚negativ' gedeutet wird. Vollzieht sich der Wandel allmählich und liegt unterhalb der Wahrnehmungsschwelle (etwa die Folgen des ‚Insektensterbens'), wird er nicht problematisiert (dazu u. a. auch Stemmer 2016). Entspricht der Wandel den Vorstellungen einer ‚stereotyp schönen Landschaft' wird er durchaus begrüßt, wenn nicht, dann wird er tendenziell abgelehnt und teilweise sogar bekämpft. Die Beurteilung des Wandels unter dem Modus der ‚expert~innenhaften Sonderwissensbestände' ist hochgradig von dem fachlichen Hintergrund abhängig: so wird ein Agrarökonom eine Nutzungsextensivierung kritischer sehen als eine Landschaftsplanerin.

Doch nicht nur allein die physischen Grundlagen von ‚Landschaft' wandeln sich: Die ‚heimatliche Normallandschaft' ist jeweils abhängig von Zuschreibungen, die sich von Generation zu Generation wandeln können. Auch die ‚stereotype Landschaft' unterliegt einem Wandel: Galten etwa Anlagen des Bergbaus und der Eisenindustrie noch vor 40 Jahren als ‚hässlich', sind sie nun zu Magneten des Tourismus geworden und gelten als ‚interessant' (Jenal 2019). Und ‚expert~innenhafte Sonderwissensbestände' unterliegen ohnehin dem ständigen Wandel der Wissenschaft.

Der Vergleich von zwei quantitativen Haushaltsbefragungen im Saarland 2004 und 2016 verdeutlicht, dass technische Objekte in deren Beurteilung verschieden wahrgenommen werden und zudem einem schnellen Wandel unterliegen (siehe Abb. 2.3 und Tab. 2.1). Es zeigt sich, dass Jüngere, formal höher Gebildete und Frauen (in beiden Erhebungsjahren) signifikant bis hochsignifikant eine ‚Offenlandschaft mit Windkraftanlagen' positiver als die jeweilige Komplementärmenge der Befragten bewerten. Im Zeitverlauf nahm beispielsweise das Gefühl der Zugehörigkeit signifikant zu.

Abb. 2.3 Die den Befragten zur Beurteilung vorgelegten Bilder einer ‚Gaulandschaft' (a), einer ‚Altindustrielandschaft' (b), einer ‚Waldlandschaft' (c) und einer ‚Offenlandschaft mit Windkraftanlagen' (d) – Ergebnisse siehe Tab. 2.1. (Quelle: Aufnahmen Olaf Kühne, veröffentlicht u. a. in Kühne 2018d, S. 49)

2.2 Der dreifache Landschaftswandel

Tab. 2.1 Die Antworten, welches Gefühl die abgebildeten ‚Landschaften' (siehe Abb. 2.3) bei den Befragten der schriftlichen Haushaltsbefragungen im Saarland auslösen, nach den Erhebungsjahren 2004 (n = 455) und 2016 (n = 436)

	Erhebungsjahr	Angst	Behaglichkeit	Gleichgültigkeit	Trauer	Freude	Abscheu	Liebe	Stolz	Zugehörigkeit	anderes	weiß nicht	Summe
Gau	2004	0,2	**45,3**	2,4	0,0	**22,4**	0,0	2,2	0,4	16,0	4,8	**6,2**	100,0
	2016	0,3	**33,6**	1,0	0,0	**33,6**	0,0	1,8	2,0	23,5	3,8	**0,5**	100,0
Industrie	2004	4,6	0,7	18,2	7,3	0,2	**19,1**	0,0	**3,1**	22,4	12,7	**11,6**	100,0
	2016	3,4	0,9	18,1	7,8	0,0	**12,2**	0,0	**9,2**	27,8	16,3	**4,4**	100,0
Wald	2004	1,3	**33,2**	**7,5**	1,3	29,9	0,4	1,8	2,2	11,4	7,3	3,7	100,0
	2016	0,7	**23,5**	**14,6**	1,2	26,2	0,5	0,5	3,9	16,7	6,3	5,8	100,0
Windkraft	2004	3,7	2,4	32,3	7,7	4,2	17,1	0,0	4,0	**4,8**	11,0	12,7	100,0
	2016	7,4	1,6	24,7	11,1	3,9	14,3	0,0	3,2	**11,1**	14,5	8,1	100,0

Quelle: Kühne (2018d, S. 51). Die hellgraue Flächenfärbung bezeichnet einen signifikanten, die dunkelgraue einen hochsignifikanten Unterschied zwischen den dargestellten Werten. Angaben in Prozent (eine Antwortmöglichkeit)

Die erste Konsequenz aus dem Dargestellten ist, dass der dreifache Landschaftswandel normal ist. Die zweite Konsequenz: Mit der gesellschaftlichen Differenzierung nimmt auch die Zahl der Perspektiven auf ‚Landschaft' zu, eigens dann, wenn Personen aus anderen Ländern, die teilweise keinen Begriff für ‚Landschaft' haben (etwa im Arabischen) oder einen differenzierteren (so im Chinesischen) auf mitteleuropäische Landschaftsverständnisse stoßen (Bruns et al. 2015; Bruns und Kühne 2013). Daraus ergibt sich auch die dritte Konsequenz: Konflikte um ‚Landschaft' sind normal (Berr und Jenal 2019a, b; Kühne 2018a, 2019a). Wenn sie mit Bedacht geregelt werden, können sie auch gesellschaftlich produktiv sein, wie die weiteren Ausführungen um ‚Landschaftsgovernance' verdeutlichen. Dazu gehören etwa die Anerkenntnis, dass die Position der anderen Konfliktpartei legitim ist und insofern deren moralische Verurteilung wenig zweckdienlich ist (ausführlich dazu auch Weber 2018a). Schließlich gibt es nicht die *eine* ‚Landschaft', denn ‚Landschaften' sind immer vielfältig, was im Alltag allerdings häufig in Vergessenheit gerät, wie der folgende Abschnitt verdeutlicht.

2.3 Landschaft, Gesellschaft und Gerechtigkeit

Der Bedeutungsreichtum des ‚semantischen Hofes' von ‚Landschaft' (Hard 1969) ist in wissenssoziologischer Perspektive das kumulative Ergebnis langwieriger und vielfältiger soziokultureller Vermittlungsprozesse, gleichsam das geschichtliche Produkt ‚sedimentierter Erfahrungen' (vgl. Schütz und Luckmann 2003) von Individuen und Gesellschaften. Ein solches Wissen wird häufig von Individuen wie auch sozialen Gruppen als selbstverständlich erachtet und dient daher als aisthetischer Selektions- und evaluativer Präferenzbildungsfilter (Burckhardt 2006a), der dann bei der „Konstruktion von Landschaft entlang einer ‚Selbstverständlichkeitskette'" (Kühne 2018e, S. 26) entsprechende Wertungen herbeiführt. Erst dann, wenn entsprechende Sehgewohnheiten und -erwartungen, das heißt, ‚gelernte' Muster der Zuschreibung, Deutung und Interpretation von ‚Landschaft' von den tatsächlichen aktuell möglichen Landschaftserfahrungen abweichen (Kühne 2018e), können Relevanz- und Deutungszuschreibungen an ‚Landschaft' hinterfragt und gegebenenfalls verändert werden. Somit weist „[d]ie Konstruktion von Landschaft […] einen hohen Selektivitätsgrad auf: In der Zusammenschau von Objekten zu Landschaft fließen lediglich die als (im landschaftlichen Zusammenhang) relevant klassifizierten Objekte ein" (Kühne 2018e, S. 27; siehe dazu auch Kaplan et al. 1998). Dementsprechend können die kognitiven (Be)Deutungen und evaluativen (Be) Wertungen von ‚Landschaft(en)' unterschiedlich ausfallen. Sie können beispielsweise abhängig sein von unterschiedlichen kulturellen oder sprachlichen Zusammenhängen (etwa Bruns 2013; Bruns und Kühne 2015b; Drexler 2009; Jenal et al. 2019; Zube und Pitt 1981) oder von soziodemografischen Merkmalen wie Alter oder Geschlecht (Buijs et al. 2009; Kühne 2006a, 2018d) oder von unterschiedlicher beruflicher Tätigkeit (Burckhardt 2004; Hunziker et al. 2008; Kühne 2006a, 2015; Weber 2017).

2.3 Landschaft, Gesellschaft und Gerechtigkeit

Die 2004 in Kraft getretene Europäische Landschaftskonvention reflektiert und berücksichtigt dieses sozialkonstruktivistische Wirklichkeitsverständnis, indem sie ‚Landschaft' als „ein vom Menschen als solches wahrgenommenes Gebiet" beschreibt, „dessen Charakter das Ergebnis des Wirkens und Zusammenwirkens natürlicher und/ oder anthropogener Faktoren ist"[1] (Council of Europe 2000, Article 1a; ausführlicher dazu: Bruns 2010; Buergi 2002; Jones et al. 2007; Olwig 2007). Ein zentrales Ziel der Europäischen Landschaftskonvention ist eine nachhaltige Entwicklung im Sinne des ‚Drei-Säulen-Modells' der Nachhaltigkeit (vgl. Grunwald und Kopfmüller 2012, S. 54–65), die als „ausgeglichenes und harmonisches Verhältnis zwischen sozialen Bedürfnissen, ökonomischen Aktivitäten und der Umwelt" (Prieur 2006, S. 13) beschrieben werden kann.

Der *soziale* Aspekt eines solchen Nachhaltigkeitsverständnisses erfordert daher die Förderung und Steigerung zivilgesellschaftlicher Bürger~innenbeteiligung, da Menschen ‚Landschaft' beeinflussen und diese gleichzeitig auf sie rückwirkt. Wenn ‚Landschaft' ein ‚vom Menschen als solches wahrgenommenes Gebiet' repräsentiert, dann sind „Wahrnehmungen und die Ansichten aller Mitglieder der zivilen Gesellschaft im weitesten Sinne von Belang […], nicht nur die Auffassung einer politischen oder akademischen Elite (und schon gar nicht nur deren Vorstellung vom Landschaftsbild)" (Bruns 2010, S. 34). Das heißt, in einem angestrebten und sich abzeichnenden Prozess „der Demokratisierung des Bewertungs- und Planungsprozesses" (Kühne 2018e, S. 233) wird die ehedem fast ausschließlich bei Planer~innen und der Verwaltung gelegene Macht allmählich zugunsten von Vertreter~innen der Zivilgesellschaft aufgebrochen beziehungsweise verschoben.

Der Aspekt der sozialen Nachhaltigkeit hinsichtlich der Wahrnehmung und Nutzung von ‚Landschaft(en)' verweist zudem auf die Frage nach *Gerechtigkeit* in intra- und intergenerationeller Perspektive (Ekardt 2005; Grunwald und Kopfmüller 2012; Rawls 1971; Thompson 2007). Gerechtigkeit bedeutet mit Blick auf ‚Landschaft', eine faire Chancenverteilung hinsichtlich des weitgehend ungehinderten und nicht reglementierten Zugangs durch möglichst viele Fortbewegungsmittel und vor allem für möglichst viele zu ‚Landschaft' zu gewährleisten (allg. dazu u. a. auch Weber 2013). Eine gerechte Verteilung der Zugangschancen verdient ihren Namen allerdings nur, wenn diese Verteilung nicht von der ungleichen Verteilung sozialen Kapitals abhängig ist (Juarez und Brown 2008; Kurt 2004). Eine gerechte Verteilung ist auch angesichts der ‚Multifunktionalität' von ‚Landschaft' notwendig: „Landscapes and their components have multiple uses and purposes, each of which is valued in different ways by different stakeholders. Tradeoffs exist among the differing landscape uses and need to be reconciled. Many landscapes provide a diverse range of values, goods, and services" (Sayer et al. 2013, S. 8351). Wenn das so ist, stellt sich erstens die Frage, wie diese unterschiedlichen ‚landscape

---

[1] „Landscape means an area, as perceived by people, whose character is the result of the action and interaction of natural and/or human factors".

uses' gerechtigkeitswirksam abgestimmt und wie damit verbundene Konflikte geregelt werden können. Die zweite Frage ist, wie die verschiedenen Landschafts-Nutzungen und -Funktionen miteinander verbunden und zur Gesellschaft in ihrer sozialen Vielfalt hin so geöffnet werden können, dass keine Exklusion (vgl. Kühne 2018e; Nassehi 1999; Petrow 2017, 2019) damit verbunden wird. Wie diese Fragen, die mit der Forderung nach sozialer Nachhaltigkeit, fairer Chancengleichheit und sozialer Teilhabe an Landschaftsentwicklungen verbunden sind, beantwortet und in der Landschaftspraxis umgesetzt werden können, wird in den folgenden Kapiteln dargestellt.

3 Government, Governance und Postgovernance als Konzepte politischer Steuerung von Gesellschaft

Nach der Einführung in zentrale Entwicklungslinien zum Landschaftsbegriff und den Verbindungen zwischen ‚Landschaft' und ‚Gesellschaft', ausgehend von ‚Landschaft' als sozialem Konstrukt, wird nun die zweite zentrale Komponente zu ‚Landschaftsgovernance' in den Fokus gerückt: ‚Governance' in einem weit gefassten Zugang und damit Konzepte politischer Steuerung von Gesellschaft. Zunächst (Abschn. 3.1) wird auch hier Umbrüchen Beachtung geschenkt, indem die Verschiebung von einem ‚top down'-orientierten Staats- und Steuerungsverständnis zu netzwerkartiger Governance herausgearbeitet wird. Gleichzeitig ist eine solche Verschiebung auch idealtypisch und vereinfachend, womit im Anschluss eine Differenzierung vorgenommen wird und mit Post- und Overgovernance aktuellen Entwicklungen Rechnung getragen wird (Abschn. 3.2). Mit Einblicken in die Konflikttheorie Ralf Dahrendorfs wird schließlich verdeutlicht, wie vor dem Hintergrund bisheriger Erläuterungen ein produktiver Umgang mit Konflikten ausgestaltet werden kann (Abschn. 3.3).

3.1 Government und Governance – von der Hierarchie zum Netzwerk

Angesichts der eingangs beschriebenen gesellschaftlichen und politisch-administrativen Entwicklungen und Herausforderungen erfolgte mit Blick auf Verwaltungshandeln in Planungsprozessen und dem damit verbundenen ‚Modernisierungsdruck' „eine Phase kritischer Überprüfungen des Umfangs der Staatstätigkeit" (Seibel 2016, S. 157). Auf dem Prüfstand stand ein bis in die 1970er und 1980er Jahre weit verbreitetes Staatsverständnis, demzufolge Staat und Gesellschaft hierarchisch getrennt und der Staat einseitig, autonom und ‚top down' hoheitliche Ziele auch im Zweifelsfall gegen den Willen der Bevölkerung durchsetzt. Diesem Modell wurde in Aushandlungen über den ‚kooperativen Staat' (grundlegend: Ritter 1979) ein Staatsmodell entgegen gestellt, das den Staat als kooperativen Verhandlungspartner mit gesellschaftlichen Akteur~innen als Adressat~innen staatlicher Maßnahmen betrachtet – in diesem Sinne wurde unter Governance im deutschsprachigen Raum die Regierungspraxis eines kooperativen Staates verstanden (Gailing 2014, S. 105). Fortan erschienen neue Formen sozio-politischer Steuerung erforderlich, für die sich in Deutschland hinsichtlich der Kommunalverwaltungen der Begriff des ‚Neuen Steuerungsmodells' (Seibel 2016, S. 158) etablierte. Seibel skizziert zwei bekannte Steuerungsmodelle, das ‚New Public Management' (2016, S. 158–161) und ‚Governance' (2016, S. 161–166). Dem ‚New Public Management' ging es „sowohl im Hinblick auf die Strukturen als auch im Hinblick auf die Steuerungsformen […] um Alternativen zum Staat und zur Form der Behörde als einer hierarchisch organisierten Institution mit dem Monopol des Gesetzesvollzugs" (Seibel 2016, S. 161).

Das zweite Steuerungsmodell, für das sich in Forschung und Praxis in den letzten Jahrzehnten der Begriff ‚Governance' eingebürgert hat, verdankt seine Herkunft unterschiedlichen (sub)disziplinären Einflüssen unterschiedlicher Wissenschaftsbereiche (vgl. Gailing 2014, S. 100–104), insbesondere aber einem wirtschafts- und einem politikwissenschaftlichen Ursprung. In der ‚Transaktionskosten'- beziehungsweise ‚Institutionenökonomik' (grundlegend: Williamson 1979) werden Wechselwirkungen zwischen Wirtschaft und sozialen Institutionen sowie Koordinations- und Steuerungsformen möglicher Vertragsbeziehungen in Unternehmen unter Bedingungen unvollständiger Informationen und in Rechnung zu stellendem (un)kooperativen Verhalten einzelner Akteur~innen untersucht und berücksichtigt, die sowohl hierarchisch als auch durch Marktbeziehungen organisiert sind. In der Politikwissenschaft führte insbesondere die Untersuchung internationaler Beziehungen und Politikinhalte (‚Policy'-Forschung) dazu, eine Betrachtungsweise, die auf hierarchisch organisiertes, formal begründetes und machtvermitteltes (national)staatliches Handeln fixiert ist, zugunsten einer Einbeziehung nichtstaatlicher Akteur~innen und informeller Interaktionen und Institutionen zu überwinden. Überhaupt war ein „größerer Realismus in der Beschreibung der tatsächlich wirksamen Steuerungsmechanismen im Regierungs- und Verwaltungshandeln" das entscheidende Anliegen der „*Governance*-Schule in der Politikwissenschaft" (Seibel 2016, S. 161). Fortan wurden ‚Government' und ‚Governance' als zwei „gegensätzliche Typen der Regelung gesellschaftlicher Handlungsfelder" (Gailing 2018, S. 79; einführend bspw. auch Bröchler und Blumenthal 2006) eingeführt und interpretiert.

Viele Autor~innen unterscheiden und bestimmen ‚Government' und ‚Governance' vor diesem wissenschaftshistorischen Hintergrund in einer einfachen Annäherung auf ähnliche Weise (vgl. Benz 2004; Fürst 2001b; Gailing 2018, 2019; Kühne 2018e; Leibenath 2019; Leibenath und Lintz 2018; Weber, Kühne et al. 2018, S. 30–35). Mit ‚Government' wird der Aspekt eines staatlichen oder Verwaltungshandelns beschrieben, das auf formalen Gesetzen, Vorschriften und Regelungen beruht und daraus seine Legitimation bezieht, das zudem hierarchisch organisiert ist, mittels Weisungen gesteuert wird und ‚top down' die Entscheidungen der ‚Regierenden' gegenüber den ‚Regierten' – nach Möglichkeit ohne Partizipation betroffener Akteur~innen (Seibel 2016, S. 195–197) – durchsetzt. Gegenüber dieser „Negativfolie" wird dann „das Konzept von Governance abgegrenzt" (Leibenath und Lintz 2018, S. 95). Der Begriff ‚Government' wurde bezeichnenderweise „erst im Zusammenhang mit dem Governance-Diskurs etabliert" (Gailing 2014, S. 104). In dieser Differenzierung berücksichtigt und betont ‚Governance' die Vielfalt unterschiedlicher Akteur~innen, die Bedeutung informeller Interaktionen und Institutionen und eine Form der Steuerung, die nicht hierarchisch und ‚top down', sondern über Netzwerke partizipativ orientierte Kooperationen staatlicher und nichtstaatlicher Akteur~innen ermöglicht und zulässt (Benz und Dose 2010; Bröchler und Blumenthal 2006; Kühne und Meyer 2015; Meyer 2006; Rhodes 1996). Im Gegensatz zum Markt, der über Preise im Rahmen von Angebot und Nachfrage, und zur Hierarchie, die über Weisungen im Rahmen funktional bedingter Rollenzuweisungen gesteuert wird (Weber, Kühne et al. 2018, S. 32), erfolge die Steuerung bei Netzwerken über Austausch und Vertrauen (Börzel 1999; Kühne 2018e, S. 307; Leibenath 2013, S. 48). Die ‚lose Kopplung' (Seibel 2016, S. 143–145) zwischen Entscheidungsträger~innen und Bürger~innen ermögliche Abstimmungen im Rahmen von Aushandlungsprozessen (Weber, Kühne et al. 2018, S. 32) und fördere – so die Hoffnung – die Selbstbindungsbereitschaft der Akteur~innen an Entscheidungen (Schubert 2004, S. 181). Kurz: Es vollzieht sich eine Differenzierung von Expert~innen- und Lai~innentum, in deren Kontext das Verhältnis von Planer~innen, Politik und gesellschaftlichem Resonanzboden restrukturiert wird (Kühne 2014b, S. 164).

Obwohl die begriffliche Entgegensetzung von ‚Government vs. Governance' zum umschriebenen historischen Zeitpunkt sinnvoll erschien, wurde und wird eine strikte Dichotomie von den meisten Governance-Forscher~innen inzwischen „als nicht mehr zeitgemäß und latent normativ abgelehnt" (Gailing 2014, S. 105). So lassen sich bereits einige *theoretische* Ungereimtheiten nicht abstreiten, beispielsweise die schwierige Abgrenzung der beiden Konzepte voneinander: Während mit Government „das institutionalisierte staatliche Steuerungssystem bezeichnet wird, meint ‚governance' das Regulierungssystem, das kollektives Handeln steuert. Die Abgrenzung ist erwartungsgemäß nicht immer leicht, weil auch ‚governance' institutionalisiert ist und ‚government' eine spezifische ‚governance' implizieren kann" (Fürst 2001b, S. 271). Kilper (2010, S. 204) bezeichnet die beiden Begriffe als „eigentümliches Begriffspaar", das, wie angesprochen, überhaupt erst zu Abgrenzungszwecken eingeführt wurde. Manche Kritiker~innen bemängeln, das Konzept bleibe semantisch weitgehend diffus, es sei „nicht eindeutig umrissen, sondern jedermann zur Deutung freigestellt" – in den letzten Jahrzehnten sei dieser Begriff sogar „modisch geworden" (Ottmann 2012, S. 388; vgl. auch Benz 2004). ‚Governance' wird daher teils als ‚empty signifier' (Offe 2008) oder als ‚fuzzy term' (Jessop 2002), wohlmeinend als ‚umbrella concept' (Pierre und Peters 2000), ‚Brückenkonzept' (Offe 2008) oder als ‚generischer Grundlagenbegriff' (Blatter 2005) bezeichnet. Auch könne dieser Terminus zwar sozio-politische und steuerungstheoretische Entwicklungen wie die angesprochenen gut beschreiben und damit in deskriptiver Hinsicht als „verdienstvoll" bewertet werden, in „normativer und analytischer Hinsicht" allerdings bleibe die Governance-Forschung „unzureichend" (Seibel 2016, S. 161). Denn wie „bedeutsam und einflussreich nicht-hierarchische und informelle Steuerungsformen im öffentlichen Sektor letzten Endes sind, wurde niemals untersucht, und die Tatsache, dass die meisten Bereiche öffentlicher Aufgaben nach wie vor in Form des behördenmäßigen Gesetzesvollzuges erledigt werden, wurde nahezu zu einer Nebensächlichkeit herabgestuft" (Seibel 2016, S. 161–162). Seibel (2016, S. 162) fordert demgemäß eine „Rückbesinnung auf die eigenständige Qualität öffentlicher Verwaltung und des öffentlichen Dienstes". In *diesem* Sinne wird ‚Governance' inzwischen tendenziell als „Oberbegriff für alle Formen kollektiver Handlungskoordination interpretiert" (Gailing 2014, S. 105), sodass unterschiedliche Steuerungsformen wie ‚governance by government', ‚governance with government' oder ‚governance without government' in der Praxis staatlichen Verwaltungshandelns beobachtet und unterschieden werden (vgl. Benz und Dose 2010; vgl. Diller 2005; Kilper 2010; Zürn 2008). Auf diese Weise kann der mit ‚Government' konnotierte Sinn hierarchischen staatlichen Handelns positiv in eine Governance-Perspektive integriert werden.

3.2 Postgovernance und Overgovernance

Die anfänglich „latent normativ" (Gailing 2018, S. 79) gebrauchte Kontrastierung der differenzierten Steuerungsformen wurde nicht nur aufgrund theoretischer Ungereimtheiten, sondern vor allem auch angesichts überspitzter praktischer Erwartungen und Ansprüche sowie entsprechender Umsetzungsprobleme in den letzten Jahren zunehmend kritisiert und in ihrem Anspruch und ihrer praktischen Reichweite modifiziert (vgl. zuletzt pointiert: Gailing 2019). Diese gegenwärtige Phase einer allgemeinen Kritik am Geltungsanspruch und an der Praktikabilität des Konzeptes ‚Governance' wollen wir in Anlehnung an Sprachregelungen, mit denen auf ähnliche Weise ‚nach' oder auch ‚gegen' vorhergehende oder zeitlich präsente Entwicklungen reagiert wird – etwa mit Blick auf den Begriff der ‚Postmoderne' (Lyotard 1979; Vester 1993; vgl. Welsch 2002) – ‚Postgovernance' nennen. Solche Kritik richtet sich zumeist gegen unrealistische, impraktikable oder überzogene Ansprüche und Erwartungen. Zu den überspitzten Erwartungen und Ansprüchen gehört insbesondere die anfänglich verbreitete Auffassung, Governance sei gegenüber Government „eine neuartige, irgendwie fortgeschrittene, reibungslose, voluntaristisch-einvernehmliche und freiheitlichere Weise der sozio-politischen Regelung" (Offe 2008, S. 63), also in moralischen Kategorien (vgl. dazu auch Abschn. 5.2) die ‚gute' oder ‚bessere' Steuerungsform. Dadurch wurde das Konzept der Governance unter der Hand in wissenschaftlich problematischer Weise moralisch überhöht und damit normativ ausgerichtet (vgl. Gailing 2018).

Ein erstes Beispiel für diese normative Ausrichtung ist das politische Modell einer ‚Global Governance', das auf Ebene der Vereinten Nationen eine weltweite Partizipation nicht-staatlicher Akteur~innen fordert (Commission on Global Governance 1995). Ein weiteres Beispiel ist das Konzept der ‚Good Governance', das etwa von supranationalen

Organisationen wie die Weltbank oder die Europäische Union als Grundlage praktischer Politik (Gailing 2014, S. 103) oder für die Wirtschaftspraxis von Wirtschaftsethiker~innen (Maak und Ulrich 2007, S. 207–233) empfohlen wird. Ob aber die eine Steuerungsform tatsächlich die ‚gute' oder ‚bessere' gegenüber der anderen ist, wäre mindestens erklärungs- und rechtfertigungsbedürftig und stieße sicherlich auf gravierende Begründungsschwierigkeiten. Problematisch ist insbesondere der häufig verübte Fehlschluss von der *Beschreibung ‚faktischer'* Entwicklungen (hier von ‚Government' zu ‚Governance') auf die *Forderung,* dass auch zukünftige Gestaltungs-Entwicklungen so sein *soll(t)en.* ‚Faktische' Entwicklungen können selbstverständlich in einer evaluativen oder normativen Einstellung als ‚gut', ‚richtig' oder ‚besser' bewertet werden, wobei eine solche Bewertung dann aber evaluativ oder normativ rechtfertigungsbedürftig ist. Ohne ausgewiesene normative Begründung ist der Schluss von Faktizität auf Normativität ein weit verbreiteter Fehlschluss – in der Philosophie auch als ‚Sein-Sollen-Fehlschluss' (Stuhlmann-Laeisz 1983) oder ‚Humes Gesetz' (vgl. Quante 2008, S. 122; Sen 1966; Hume 1978) bezeichnet.

Die mit Governance verknüpften hohen Erwartungen erweisen sich aus weiteren Gründen als überzogen. Governance ist keineswegs so neu, wie sie sich geriert, sondern kann mit der geforderten *Partizipation nicht-staatlicher Akteur~innen* wie „Multis, Expertengruppen, Netzwerke, Nicht-Regierungsorganisationen" (Ottmann 2012, S. 388) oder Bürgerinitiativen als Neuauflage eines liberalen Korporatismus beziehungsweise ‚Neokorporatismus' (Alemann 1981; Schmitter 1981; Streeck 1999) in Anknüpfung an Hegels Korporationslehre (vgl. Ellmers und Herrmann 2017; Hegel 1995; Streeck 1999) verstanden werden. Mit dem Begriff ‚Neokorporatismus' „wird in der politischen Soziologie die Einbindung oder ‚Inkorporierung' von organisierten Interessen in die Politik und ihre Teilhabe an der Formulierung und Ausführung von politischen Entscheidungen bezeichnet" (Voelzkow 2013, o. S.). Angestrebt wird eine „Form der politischen Ordnungsbildung", in der eine hierarchische ‚top down'-Steuerung des politischen Willensbildungsprozesses durch „Mitbestimmungsmöglichkeiten der Verbände" verhindert und stattdessen ermöglicht werden soll, dass dieser Prozess „möglichst integrativ in Anhörung aller Interessengruppen verläuft" (Ellmers und Herrmann 2017, S. 20) und Konflikte in partnerschaftlichem Einvernehmen konsensual gelöst werden (Reichenbachs und Nullmeier 2016). Streeck (1999) stellt insbesondere eine ‚Interessenpolitik von unten' als Vorteil dieser Form politischer Ordnungsbildung heraus. Demgegenüber wurde schon früh gegen einen solchen erhofften Effekt auf das ‚Demokratiedefizit' des Neokorporatismus (Offe 1984) als dessen Nachteil hingewiesen, der „die Effektivität der politischen Ordnungsbildung mit der zunehmenden Intransparenz von politischen Prozessen erkauft" (Ellmers und Herrmann 2017, S. 21). Die aufgewertete Rolle privater und zivilgesellschaftlicher Akteur~innen passe daher auch „eher in eine Neokorporatismus- als in eine Demokratie-Theorie" (Ottmann 2012, S. 388; vgl. auch Bolton 2000; Brand et al. 2000; Harris und Yunker 1999). Die *demokratie*theoretische Frage lautet daher: Lassen sich solche nicht-staatlichen Akteur~innen umstandslos auf eine Stufe mit demokratisch legitimierten Regierungen stellen? Sie mögen zwar „den Charme der Unverbrauchtheit für sich [haben]. Sie können selbstlos und idealistisch wirken. Aber das ändert nichts daran, dass sie selbsternannte Advokaten sind, weder demokratisch gewählt noch verantwortlich. Ihre Binnenstruktur ist *nicht transparent*" (Ottmann 2012, S. 388, Hervorhebung d. Verf.).

Solche *Intransparenz* ist nicht selten das Ergebnis entsprechender ‚Invisibilisierungsstrategien' (Kühne 2014b, S. 166–168), die mehr oder weniger bewusst oder geplant zur Verschleierung oder Unsichtbarmachung spezifischer Machtverhältnisse, Interessen, Wertungen und Überzeugungen von nicht-staatlichen *wie auch* staatlichen Akteur~innen eingesetzt werden. Bei *staatlichen* Akteur~innen als den „in sozialen Gefügen Mächtigeren" lassen sich Versuche beobachten, angesichts der angesprochenen Modernisierungsprozesse „Machtverhältnisse weniger offensichtlich werden zu lassen" (Kühne 2014b, S. 164–165). Ein instruktives Beispiel entsprechender Strategien bei *nicht*-staatlichen Akteur~innen sind Bürgerinitiativen, die gerne als Paradigma für zivilgesellschaftliches Engagement dienen. Diese Organisationen sind allerdings häufig durch Strukturen geprägt, die den eigenen oder zugeschriebenen demokratischen Ansprüchen nicht zwangsläufig entsprechen müssen (Kühne 2014b; Mack 2018). Stattdessen ist auch mit Argumenten, Ansprüchen und Forderungen zu rechnen, die an individuellen oder teilsystemspezifischen Interessen ausgerichtet sind und hinter vorgeschobenen Allgemeininteressen verborgen werden. Die tatsächlich motivational wirksamen Interessen nicht-staatlicher Akteur~innen können auf diese Weise kaschiert werden oder unsichtbar bleiben. Werden die Träger~innen von Protesten in Bürgerinitiativen genauer betrachtet, sind diese – wie Kühne (2014b, S. 164) es im Anschluss an die Studien von Walter et al. (2013) pointiert formuliert – „zumeist Personen, reich an Vermögen, Bildung, sozialem Kapital, sie sind zumeist älter, beruflich nicht erfolglos und häufig erfahren in zivilgesellschaftlichem beziehungsweise politischem Engagement und protesterfahren". Sie sind „in der Lage, Informationen zu sammeln, zu sichten, zu ordnen und in eigenem Interesse zu formulieren" (Kühne 2014b, S. 164). Nicht nur können nicht-staatliche Akteur~innen in Bürgerinitiativen, Nichtregierungsorganisationen und anderen zivilgesellschaftlichen Akteur~innenkooperationen ihre besonderen Interessen hinter Allgemeininteressen verbergen, das Engagement generiert auch wachsendes Sozialkapital und einen neuen Lebenssinn (Aschenbrand et al. 2017; Kühne 2014b; Marg et al. 2017; Walter et al. 2013).

Darüber hinaus bewirken Governance-orientierte Steuerungsformen eine *Komplexitätssteigerung* und damit erhöhte Unsicherheit von Planungsprozessen, die einen verlässlich erwartbaren Abschluss von Plan- und Genehmigungsverfahren be- oder verhindern können. Zum einen wird von Vertreter~innen hierarchischer staatlicher Steuerung (Government) die mit Governance erwünschte Aufwertung und Durchsetzung von „Partizipation oft als ‚Störfaktor' in etablierten Systemen" (Gerhards und Spellerberg 2011, S. 127; auch bspw. Seibel 2016) betrachtet. Bürger~innen werden ‚nicht ganz ernst genommen' (Seibel 2016, S. 190–194). Dies führt zu erheblichen Steuerungs*verlusten*. Zum anderen kann Governance als neue Steuerungsform planungs- und verwaltungstechnischer Abläufe zu einer *Über*-Steuerung führen. Wir wollen diese Über-Steuerung ‚Overgovernance' nennen. Das damit verbundene Hauptproblem besteht in der kaum noch zu überblickenden Aufsplitterung der Planungsprozesse in zahlreiche, teils überlagernde, teils konkurrierende Verantwortungs-Zuständigkeiten. Daraus erwachsen Verunsicherungen hinsichtlich der Frage, wer für was zuständig ist und wie mit dieser Situation umzugehen sei. Als Folgeproblem kann der Partizipationsgedanke letztlich im Dickicht der Zuständigkeiten und der daraus sich ergebenden Vertagung von Entscheidungen konterkariert werden. Anders gesagt: Die gut gemeinte Absicht, durch mehr Partizipation Planungsprozesse demokratisch zu legitimieren und in ihrer Akzeptabilität und Akzeptanz zu steigern, führt angesichts dieser Kontereffekte dazu, dass Partizipation erschwert oder gar verhindert werden kann.

Der erhoffte Legitimitätsgewinn von Partizipation kann im Übrigen nur dann erzielt werden, wenn bei der konkreten Ausgestaltung von Beteiligungsverfahren bestimmte Kriterien eingehalten werden können, die Kamlage, Nanz und Fleischer (2014) folgendermaßen formulieren:

1) Die Beteiligung soll frühzeitig[1], d. h. möglichst in der Phase der Politikformulierung, erfolgen,
2) die Zusammensetzung der Teilnehmer~innenschaft soll möglichst heterogen sein,
3) der Austausch der Argumente soll auf ‚gleicher Augenhöhe' stattfinden,
4) Prozesse und Ergebnisse sind transparent zu gestalten,
5) die Verfahren sollen offen gestaltet werden, es soll die Möglichkeit der Einflussnahme auf die Ergebnisse der Verfahren bestehen,
6) Prozesse und Ergebnisse der Verfahren sind gegenüber der Öffentlichkeit transparent zu machen.

Entscheidende Bedeutung hat dabei der erste Punkt der frühzeitigen Beteiligung, da in dieser Phase Mitwirkungs- wie auch Gestaltungsmöglichkeiten für Bürger~innen noch am ehesten umgesetzt werden können. Eine solche frühzeitige Beteiligung erfordert allerdings einen erheblichen Aufwand hinsichtlich der Bürger~innenaktivierung, da „deren Interesse und Mobilisierung aufgrund der hohen Abstraktion der Planung, der (noch) geringen Informationen, der Komplexität des Themas und der zumeist noch unklaren Betroffenheit am geringsten ist" (Kamlage et al. 2014, S. 202). Dieses „Beteiligungsparadoxon" (DUH 2013, S. 32) lässt sich grafisch veranschaulichen (siehe Abb. 3.1).

Es kommt hinzu, dass durch ein Mehr an Beteiligung nicht automatisch allseits geteilte ‚Lösungen' gefunden werden. Im Zweifelsfall treffen auch nach vielfältigen Aushandlungsrunden weiterhin schwer vereinbare Positionen aufeinander,

---

[1] In Anschluss u. a. an Langer (2018) lässt sich ‚frühzeitig' dahingehend präzisieren, dass ein Projektouting verhindert wird, mit dem potenzielles Vertrauen in Vorhaben und Planung von Anfang an verspielt würde.

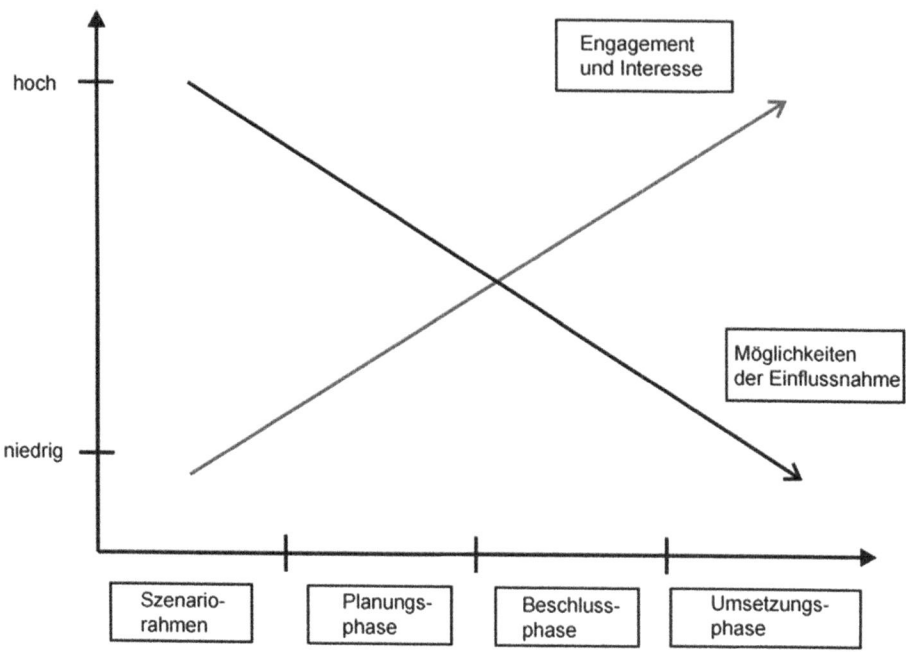

Abb. 3.1 Das Beteiligungsparadox. (Quelle: Eigene Darstellung auf Grundlage von DUH 2013, S. 32)

die sich unnachgiebig gegenüberstehen (vgl. bspw. Kühne 2018a; Weber, Kühne et al. 2018). Gesellschaftliche Konflikte sind damit zu Beginn des 21. Jahrhunderts zu einem gewissen ‚Normalfall' geworden, die bisweilen aber weiterhin als destruktiv und zu vermeiden aufgefasst werden, in einer anderen Lesart allerdings auch als produktiv aufgefasst werden können (Becker und Naumann 2018; Dahrendorf 1972; Kühne 2017b, 2018 f; Mouffe 2007b, 2014; Weber 2018b), wie in Anschluss an Ralf Dahrendorfs Konflikttheorie im nächsten Abschnitt herausgearbeitet wird.

3.3 Eine produktive Auffassung von Konflikten in Anschluss an die Konflikttheorie Ralf Dahrendorfs

Die Konflikttheorie von Ralf Dahrendorf bietet im Rahmen der Diagnose einer wachsenden „Unübersichtlichkeit der Welt" (Dahrendorf 1972, S. 8) ein geeignetes begriffliches Instrumentarium, solche unübersichtlichen und teils übersteuerten Konfliktlagen, die sich zunehmend einer Regelung verschließen – in Bezug auf Governance generell (Benz und Dose 2010; Bröchler und Blumenthal 2006) und Landschaftsgovernance-Prozessen im Besonderen (Berr und Jenal 2019a; Gailing 2015b; Kühne 2018a, 2019a; Weber 2018a; Weber und Kühne et al. 2018) –, differenziert zu beschreiben und zu analysieren.

3.3 Eine produktive Auffassung von Konflikten

Mit Blick auf die *Genese* entsprechender Konflikte differenziert Dahrendorf (1961, S. 218–220; 1972, S. 35–36) drei Phasen:

- Anfänglich entwickeln sich ‚Quasi-Gruppen' mit kontextspezifischen latenten ähnlich gelagerten Positionen.
- Konkrete Konfliktparteien entstehen dann, wenn sich ‚Quasi-Gruppen' ihrer spezifischen Interessen bewusst werden.
- In der ‚Phase ausgebildeter Interessen' steigt der Organisationsgrad der Konfliktparteien mit wahrnehmbarer eigener Identität und zugehörigen Sprecher~innen.

Damit Konflikte nicht zu einem destruktiven Ergebnis führen, ist das *‚Ausmaß'* von Konflikten zu beachten (vgl. Dahrendorf 1965, S. 171, 1969a, S. 1006, 1972, S. 37–40; Kühne 2018a; Weber 2018a, S. 112–113): die Intensität (Bedeutung, die einem Konflikt beigemessen wird), die potenzielle Gewaltsamkeit sowie die Komplexität (beteiligte Akteur~innen) und die räumliche Reichweite von Konflikten. Was die Komplexität anbelangt, so ist damit die Vielfalt unterschiedlicher Sprecher~innen verschiedener Institutionen, Gruppierungen, Administrationen, Vereine etc. gemeint, die in Verbindung mit unterschiedlich skalierten Reichweiten (lokal, regional, national, übernational) steigt und Konfliktregelungen erschwert. Je nach Konflikt ergeben sich unterschiedliche Ausmaße, die sich grafisch visualisieren lassen und eine konkretere Einordnung ermöglichen (dazu beispielhaft Abb. 3.2).

Becker und Naumann (2018) haben am Beispiel energiepolitischer Konflikte ‚Analysewerkzeuge' entwickelt, um solche Konflikte „zu verstehen und in ihrer Unterschiedlichkeit miteinander vergleichbar zu machen" (Becker und Naumann 2018, S. 512). Was ‚Typen' von Konflikten anbelangt, lassen sich – den Autoren folgend – ‚Verteilungskonflikte' im Hinblick auf die Beteiligung an finanziellen Erträgen, ‚Verfahrenskonflikte' bei Planungs- und Entscheidungsverfahren, ‚Standort- beziehungsweise Landnutzungskonflikte' in Bezug auf divergierende Flächennutzungsansprüche, ‚Identitätskonflikte' im Hinblick auf das Entwicklungsleitbild von Kommunen und ‚technologische Konflikte' bezogen auf grundlegende Ausrichtungen der Energieversorgung unterscheiden. Konflikte erhalten so eine konkrete Benennung, die an Dahrendorf orientiert ausgebildete Interessen widerspiegeln. Typische ‚Akteurskonstellationen' sind etwa ‚Kommunen vs. Kommunalaufsicht' oder ‚neu gegründete Unternehmen vs. bereits bestehende Versorger und Netzbetreiber'. ‚Akteur~innentypen' lassen sich nach ‚Enthusiast~innen' als von Projekten der Energiewende absolut Überzeugten, die ‚schweigende Mehrheit' und ‚Grundsatzkritiker~innen' von Projekten oder noch allgemeiner der Energiewende unterscheiden. Deren Interessenlage und Zielsetzungen erweisen sich entsprechend in Teilen als recht inkommensurabel, was sich in sich erhöhenden Konfliktintensitäten und -gewaltsamkeiten niederschlagen kann. Was ‚Konfliktdimensionen' betrifft, können die ‚materielle' (konkreter Gegenstand des Konflikts), die Akteur~innen-, die räumliche und die zeitliche Dimension unterschieden werden, die prinzipiell weitgehend den Dimensionen des Ausmaßes nach Dahrendorf entsprechen – dieser hat nur weniger die zeitliche Komponente aktiv

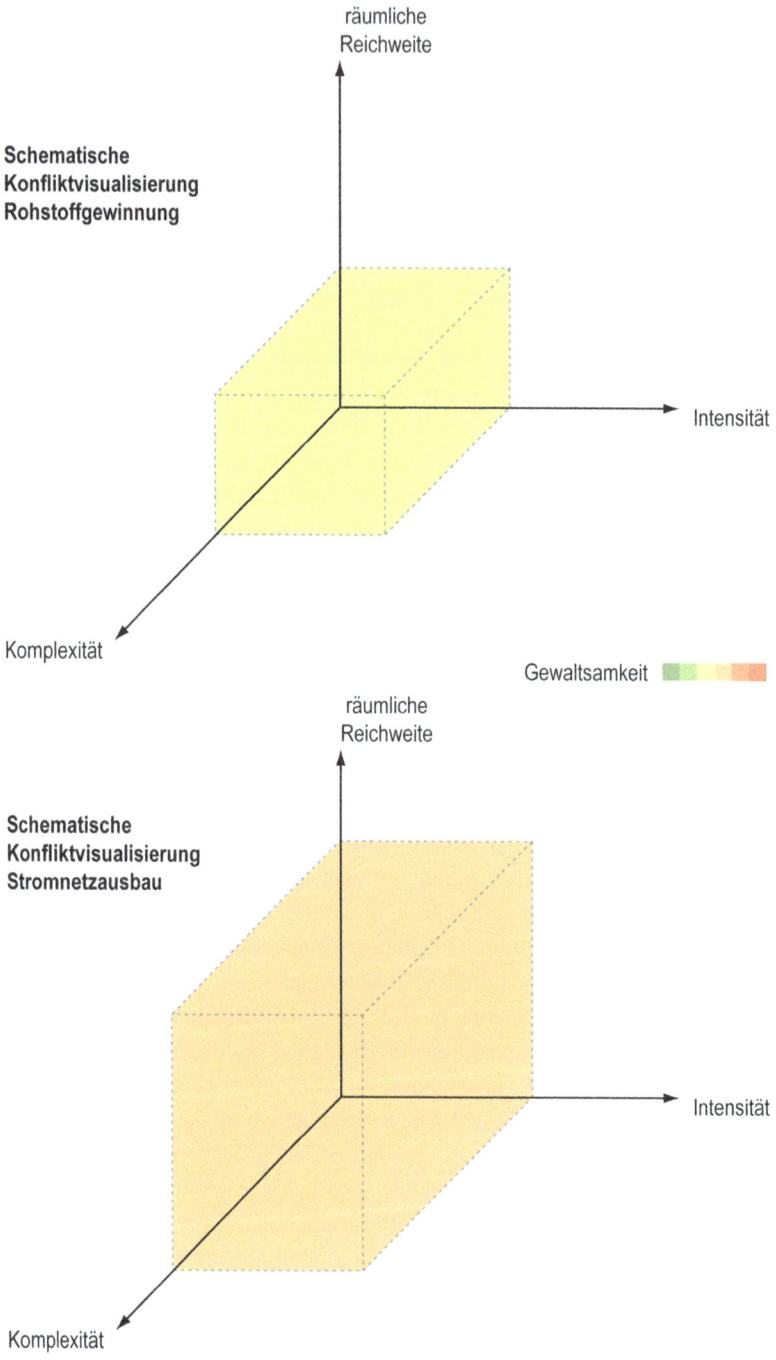

Abb. 3.2 Konfliktausmaße nach Dahrendorf am Beispiel Rohstoffgewinnung und Stromnetzausbau. (Quelle: Eigene Darstellung, publiziert in Weber, Kühne et al. 2018, S. 27)

adressiert, die sich aber durchaus in der Entwicklung der Intensität niederschlägt. Solche Differenzierungen können helfen, die komplexe Gemengelage von Konflikten besser zu erfassen.

Dahrendorf erachtet im Verhältnis zu Konfliktunterdrückungen oder nur scheinbaren Konfliktlösungen eine *Regelung* spezifischer Konflikte als geeigneten Umgang mit gesellschaftlichen Veränderungen. Eine *Regelung* von Konflikten basiert auf vier Voraussetzungen (Dahrendorf 1972, S. 40–44):

1) Die Konfliktgegensätze müssen als berechtigte Dimension und nicht als normwidriger Zustand der Normalität anerkannt werden.
2) Die Konfliktregelung bezieht sich auf die Formen des Konfliktes, nicht auf dessen Ursachen.
3) Die Effizienz der Konfliktregelung ist von dem Grad der Organisiertheit der Konfliktparteien abhängig.
4) Ein Erfolg der Konfliktregelung ist von der Einhaltung bestimmter Regeln abhängig, die für alle Konflikt-Parteien als gleichwertig betrachtet werden.

Der Grad der Organisiertheit zeigt sich in der ‚verbindlichen Manifestierung' der Interessen und dem Grad der Legitimierung ihrer Sprecher~innen (Dahrendorf 1972, S. 42; Kühne 2017b, S. 40–41). In einer späteren Veröffentlichung erkennt Dahrendorf (2007, S. 93) auch die latente Gefahr einer „Individualisierung des Konflikts". Zusätzlich zu bestehenden etablierten Institutionen wie etwa Gewerkschaften oder bekannten Nichtregierungsorganisationen bilden sich regelmäßig Bürgerinitiativen, Interessenvereinigungen, Aktionsgruppen etc., die nicht zwingend intern klar strukturiert (Weber 2018a, S. 116), eher ‚diffus' (Kühne 2019a) sind und nicht immer legitimierte Sprecher~innen aufweisen (Weber 2018a, S. 116). Hinzu kommt, dass Konflikte gegenwärtig auch die „Funktion eines Selbstzwecks" (Kühne 2018a, S. 177) erfüllen, insofern eine Konfliktbeteiligung neuen Lebenssinn und soziale Anerkennung bei der jeweiligen ‚Bezugsgruppe' (Dahrendorf 1971) stiften soll, wie bereits in Abschn. 3.2 kurz adressiert. Eine konflikttheoretische Perspektive in Bezug auf Governance einzunehmen, kann dabei helfen, einen differenzierten analytischen Blick auf aktuelle gesellschaftliche Aushandlungsprozesse zu richten und so Normativitäten und scheinbare Notwendigkeiten einer kritischen Reflexion zuzuführen. Anschlussfähig ist in diesem Zusammenhang (Dahrendorf 1992) insbesondere auch das Konzept der Steigerung von individuellen Lebenschancen und der Bewahrung von Freiheitsspielräumen (Dahrendorf 1979, 2007; Mackert 2010), die mit Blick auf die eingangs beschriebenen Herausforderungen der Sicherung und Steigerung sozialer Nachhaltigkeit, fairer Chancengleichheit und sozialer Teilhabe an Landschaftsentwicklungen neue Perspektiven auf Landschaftsgovernance-Prozesse bieten kann (mehr zum Dahrendorfschen Konfliktverständns siehe: Gratzel 1990; Kocka 2004; Kühne 2017b; Leonardi 2014; Niedenzu 2001).

Landschaftsgovernance – eine Zusammenschau

Governance als Steuerungsform, die gesellschaftliche Teilsysteme, die Politik, unterschiedliche staatliche und nicht-staatliche, öffentliche und nicht-öffentliche Akteur~innen, Institutionen etc. übergreift, ist auch an der Konstitution von ‚Landschaften' – also Landschaftskonstruktionsprozessen – beteiligt. Sie wird daher auch in der Landschaftsforschung diskutiert (vgl. z. B. Gailing 2012b, 2015a, 2019; Kühne 2018e; Leibenath 2013; Leibenath und Otto 2012; Naranjo 2006; Säck-da Silva 2009). Da einige Kernanliegen der Governance, etwa Bürger~innenbeteiligung und Kooperation, auch in der Landschaftspraxis zunehmend relevant werden, kommt dieser Bedeutungszuwachs beispielsweise im europäischen Kontext zum Ausdruck: „Partizipation und Kooperation entwickeln sich zu grundlegenden Bestandteilen modernen Landschaftsmanagements, so wie es von der Europäischen Landschaftskonvention verstanden wird" (Säck-da Silva 2009, S. 210).

Das Verhältnis von Governance und ‚Landschaft' lässt sich idealtypisch im Rahmen von zwei unterschiedlichen Governance-Perspektiven betrachten: in der eines ‚akteur~innenzentrierten Institutionalismus' und eines ‚diskurstheoretischen Ansatzes' (Kühne 2018e, S. 314–319). Eine ähnliche Unterscheidung ist die zwischen einem ‚Rational-Choice-Institutionalismus' und ‚Diskurstheorien' (Leibenath 2013, S. 53–58). Der Zusatz ‚akteur~innenzentriert' verweist auf die etwa an Max Weber (1976) anschließende sozialwissenschaftliche Tradition eines ‚methodologischen Individualismus', der soziale Phänomene (wie ‚Landschaft', ‚Governance' oder ‚Institutionen') aus dem intentionalen Handeln individueller Akteur~innen erklärt, auch wenn – davon unbenommen – sich Akteur~innen in Interaktionsbeziehungen zusammenschließen können. Der Zusatz ‚Rational-Coice' betont in der Tradition eines an Thomas Hobbes (2005) anschließenden philosophischen Menschenbildes die Informiertheit, Handlungswahlfreiheit und zweckrational-strategische Kompetenz autonomer eigennutzmaximierender Akteur~innen.

Institutionen lassen sich als ein „objektiv festgelegtes System sozialer Handlungen" (Schelsky 1980, S. 215), im Sinne von Hegel (1995) als ‚objektivierter Sinn' beziehungsweise ‚objektiver Geist' (Schelsky 1980, S. 215), als ‚sedimentierter Diskurs' (Glasze 2013) oder mit Durkheim als ‚soziale Tatsachen' (Durkheim 1961), das heißt als soziale Normen, rechtliche Regelungen oder sozial bewährte und anerkannte Handlungs- und Steuerungsmuster begreifen, die die Ausformung und Tradierung verlässlich erwartbarer Verhaltensmuster von Akteur~innen ermöglichen (Gailing 2014; Gailing und Röhring 2008; Moss 2003). Institutionen erweisen sich dadurch als ambivalent. Einerseits können sie der ‚Entlastung' (Gehlen 2004) der Akteur~innen vom Entscheidungsdruck durch explizit formulierte Regeln und Rollen sowie der überindividuellen ‚Stabilisierung' der Verantwortungszuschreibung und -übernahme (vgl. Gutmann und Quante 2017) und damit der Stabilisierung sicherer und geordneter sozialer Verhältnisse wie auch der Integration der Gesellschaft dienen. Andererseits können sie auch Handlungsspielräume und damit Freiheit einschränken (Berger und Luckmann 1966; Dahrendorf 1979; Gehlen 1940). Institutionen können formell beziehungsweise kodifiziert (Gesetze, Satzungen, Verordnungen etc.) oder informell beziehungsweise nicht kodifiziert (Werte, Traditionen, Üblichkeiten, Weltanschauungen etc.) sein (Apolinarski et al. 2006; Gailing 2012a, 2019).

Insbesondere institutionelles Handeln erwirkt Folgen und insbesondere Nebenfolgen für die physischen Grundlagen von ‚Landschaft' – meistens nicht als Ergebnis eines einzigen „eigenständige[n] komplexe[n] Institutionensystem[s] mit einer abgegrenzten institutionellen Konfiguration" (Gailing und Röhring 2008, S. 50), sondern als Nebenfolgen *unterschiedlicher* Institutionen sowie weiterer Akteur~innen. Auch auf die sozialen Konstruktionen von ‚Landschaft' wirken Institutionen ein. Da sie Formen des ‚objektiven Geistes' und damit quasi-ontologisch wie selbstverständlich vorgegeben erscheinen können, binden sie Deutungen und Interpretationen von ‚Landschaft', die in ihrer Deutungsmacht kaum oder gar nicht hinterfragt werden (Gailing 2012a).

Varianten des akteur~innenzentrierten Institutionalismus können einem „gemäßigten Sozialkonstruktivismus" zugeordnet werden, der zwar Landschaft als ‚Konstruktion' auffasst, aber zugleich unter der Hand eine physisch-materielle Konstruktionsgrundlage in Rechnung stellt, die gewissermaßen als evaluative oder normative „Letztinstanz zur Überprüfung der ‚Realitätsnähe' handlungslandschaftlicher Konstrukte dient" (Kühne 2018e, S. 318). In positivistischer Tradition (dazu erläuternd Leibenath und Otto 2012) werden sowohl die Akteur~innen, die Probleme, der institutionelle Kontext als auch die entsprechenden Räume oder Landschaften als gleichsam ‚unvermittelt gegeben' angenommen. Zudem werden strategisch und zielorientiert ihr Handeln kalkulierende autonome Akteur~innen (Leibenath 2013, S. 53–55; Leibenath und Lintz 2018) und die Möglichkeit unterstellt, ein umfassender Konsens sei zu erstreben und auch zu erreichen. Dieser „Problemlösungsbias" (Mayntz 2005, S. 17) beruht auf der idealistischen Annahme, politische Prozesse – wie die Governance – seien vorrangig Problem*lösungs*prozesse.

Demgegenüber hinterfragen diskurstheoretische Ansätze die ‚ontological commitments' (Quine 1953) akteur~innenzentrierter Ansätze wie ‚Akteur~in' oder ‚Probleme' und betrachten diese als diskursiv konstituiert und verfestigt (Leibenath 2013; vgl. Leibenath und Lintz 2018; Weber 2018a, 2019a, c; Weber et al. 2018a). Wer etwa wann in welcher Rolle und Funktion und in welchen Kontexten Beachtung finden, welche politischen Gestaltungsräume und Skalierungen unterschieden und über welche Probleme überhaupt diskutiert werden kann, ist vorab bereits Ergebnis diskursiver Konstitutionsmechanismen. Daraus ergibt sich eine „Skepsis gegenüber der Vorstellung einer objektiven und durch besondere Sorgfalt enthüllbaren und darstellbaren Wahrheit hinter der Oberfläche" (Chilla 2005, S. 185). Unabhängig von der Vielfalt möglicher Diskurstheorien und -analysen (vgl. hierzu Weber 2018a, S. 11–12) ist diesen der Ausgang von der sprachlichen Vermitteltheit von Bedeutungen, Vorstellungen, Präferenzen, Institutionen etc. und deren potenzieller quasiontologischer Verfestigung im Rahmen von „Prozesse[n] der Bedeutungskonstitution auf der über-individuellen Ebene" (Mattissek et al. 2013, S. 246) gemeinsam. Zudem werden diskursive Konstitutionsmechanismen üblicherweise als durch Macht vermittelt, Diskurse als durch Deutungs- und damit auch Machtansprüche gekennzeichnet betrachtet. Dementsprechend wird in diskurstheoretischen Ansätzen in hohem Maße die Frage nach der ‚räumlichen Verortung von Macht' gestellt und in der Tradition Chantal Mouffes als poststrukturalistische Diskurstheoretikerin eine Konsenshaftigkeit von Gesellschaften zurückgewiesen und stattdessen auf Konflikte und deren produktiven Gehalt fokussiert (Mouffe 2007a, 2010, 2014; dazu auch Weber 2018a, b). Dass und wie diese Machtvermitteltheit in Aushandlungsprozessen eine bedeutsame Rolle spielt, wird im Zusammenhang partizipativer Landschaftsgovernance näher behandelt (vgl. Abschn. 5.2). Wie sich die theoretischen Erörterungen zu den beiden Grundtypen möglicher Landschaftsgovernance in der Landschafts*praxis* manifestieren und auswirken können, zeigt das folgende Kapitel.

5 Praxis Landschaftsgovernance: Steuerungsformen, Konfliktauswirkungen und Perspektivenabhängigkeiten

Die bisherigen Ausführungen haben in erster Linie aus einer theoretisch-konzeptionellen Richtung verdeutlicht, wie sich ‚Landschaft' und ‚Governance' deuten und systematisieren und wie sich Perspektiven auf ‚Landschaftsgovernance' konturieren lassen. In diesem Kapitel werden Konkretisierungen vorgenommen, die sich zunächst auf eine kollaborative Landschaftsgovernance gerade mit Multi-Level- und Regional Governance beziehen (Abschn. 5.1), gefolgt von partizipativer Landschaftsgovernance im Hinblick auf nicht-staatliche Akteur~innen und die verbundene Frage nach konsens- versus konfliktorientierter Grundhaltung (Abschn. 5.2). Im Anschluss wird herausgearbeitet, welche spezifischen Besonderheiten und Herausforderungen aus einer grenzüberschreitender Governance resultieren und welche Auswirkungen sich hieraus für die konkrete Steuerung landschaftsbezogener Vorhaben ergeben (Abschn. 5.3). Schließlich wird die Perspektivenabhängigkeit von ‚Landschaft' in den Fokus gerückt, verknüpft mit verschiedenen Landscape Approaches und deren Konsequenzen für die Landschaftspraxis (Abschn. 5.4).

5.1 Kollaborative Landschaftsgovernance auf unterschiedlichen administrativen Ebenen als Zielsetzung und Herausforderung

Der seit einigen Jahrzehnten tendenzielle Verlust zentraler Steuerungsmacht von Politik und Verwaltung erschwert oder verunmöglicht zunehmend die Umsetzung großer Entwürfe der räumlichen Planung. Planungs- und Steuerungsprozesse haben sich zu Moderationsverfahren entwickelt, in denen unterschiedliche Akteur~innen (z. B. Investor~innen, Immobilieneigentümer~innen, Architekt~innen, Bewohner~innen und Nutzer~innen) unterschiedlicher Handlungsebenen beteiligt sind und sich um Entscheidungsbeteiligung bemühen – als kollaborative (Landschafts)Governance zu fassen.

Im Zuge der Entwicklung vom ‚Territorial'- zum ‚Funktionalprinzip' (Diller 2005) lassen sich Bezugsräume oder ‚Bezugslandschaften' verantwortlicher Gebietskörperschaften nicht länger eindeutig deren politisch-administrativer Zuständigkeit zuordnen (vgl. auch allg. bspw. Weber 2015c), sondern je nach lebensweltlich identitätsstiftenden Landschaftskonstrukten, sektoralen Institutionensystemen und Akteur~innenkonstellationen überschneiden sich landschaftliche Räume, zuständige Politik und Verwaltung sowie betroffene Akteur~innen aus Zivilgesellschaft und Unternehmen. Planerisches Handeln wird auf diese Weise zunehmend zu kommunikativem Handeln nach Governance-Regeln und damit verbundenen Verhandlungen, Koalitions- und Kooperationsbemühungen sowie dem Streben nach Konsens transformiert (vgl. Hayden 2009). Mit Jürgen Habermas zeichnet sich *kommunikatives* Handeln im Gegensatz zum erfolgsorientierten und strategischen *zweckrationalen* Handeln durch Ausrichtung auf *Verständigung* und Handlungs-*Koordination* aus (Habermas 1981, Band I, S. 381–385). Mit Blick auf Governance-Prozesse und deren ‚Formen kollektiver Handlungskoordination' in einem ‚kooperativen Staat' (Gailing 2019) geht es allerdings nicht vorrangig um Kooperation zwischen individuellen Akteur~innen, sondern um die Frage, wie angesichts dieser veränderten Rahmenbedingungen die unterschiedlichen Regierungsebenen auf kommunaler, regionaler und Länderebene als kollektive Akteur~innen zusammenarbeiten beziehungsweise ‚kollaborieren' können, beispielsweise im Kontext von ‚Landschaften' der Energiewende.

Das politikwissenschaftlichen Arbeiten (Hooghe und Marks 2003) entstammende Konzept der ‚Mehrebenen-Governance' (‚Multi-level-Governance') trägt veränderten politischen Konstellationen Rechnung und zeigt, dass und wie Entscheidungsmacht thematisch und zeitlich auf unterschiedliche transnationale, nationale, regionale und kommunale Entscheidungs- und Verantwortungsträger~innen und – ebenen verteilt sein kann (Chilla et al. 2016, S. 153), wenn und insofern die Existenz und Geltungsmacht dieser unterschiedlichen politisch-administrativen Ebenen überhaupt anerkannt wird (Leibenath und Lintz 2018). Auch das „Zusammenwirken vertikaler und horizontaler Interdependenzen zwischen staatlichen und nichtstaatlichen Organisationen" (Gailing 2018, S. 78) kann entsprechend berücksichtigt werden. Vermeidet eine Mehrebenen-Governance den Fehler, die Auffächerung von Verantwortlichkeiten auf unterschiedlichen Ebenen zu ignorieren, so kann dadurch auch der Fehler umgangen werden, ‚Landschaft' nur auf lokaler oder regionaler Ebene zu verorten (Gailing 2019) und in eine ‚lokalistische' oder ‚regionalistische Falle' zu tappen (Görg 2007; Mitchell 2005). Im Rahmen einer Mehrebenen-Governance befasst sich eine themenbezogene ‚Typologie von Governance-Formen' „mit einzelnen, empirisch voneinander unterscheidbaren Themen" (Gailing 2018, S. 80; vgl. Lange und Schimank 2004), z. B. mit Blick auf „Räumliche Governance-Formen der Energiewende" (Gailing 2018, S. 80). Gegen die Logik der meisten Governance-Versionen vermeidet es dieser Ansatz, über alle Politik- und Handlungsfelder hinweg grundlegende und verallgemeinerbare Governance-Modi (wie etwa Hierarchie, Netzwerk und Markt) zur Anwendung und Geltung zu bringen.

Das raumwissenschaftlichen Forschungen entstammende Konzept der ‚Regional Governance' ist im deutschsprachigen Raum insbesondere mit Dietrich Fürst (2001a, b, 2004) verbunden und ersetzt auf regionaler Ebene die hierarchische ‚top down'-Steuerung durch zuständige Gebietskörperschaften durch „neue regionale Selbststeuerungsformen, die auf netzartiger Kooperation" (Fürst 2001a, S. 377) und dem ‚Funktionalprinzip' (Diller 2005) beruhen. Prominentes und etabliertes Beispiel für diese Governance-Variante sind die Europäischen Metropolregionen (Chilla et al. 2016, S. 155), in denen Landkreise, kreisfreie Städte, Unternehmen und andere Akteur~innen sich ungeachtet faktischer Marktkonkurrenz in netzartiger Kooperation zusammenschließen. Darüber hinaus wird im Bereich der Großschutzgebiete (gerade Naturparke) über Regional Governance diskutiert (Weber 2013; Weber und Weber 2015). So „engagieren sich private und staatliche/kommunale Akteur~innen in *Public-Private-Partnerships* usw. Netzwerke spielen in der Regionalpolitik eine immer wichtigere Rolle" (Fürst 2001b, S. 272). Auch LEADER-Regionen (dazu bspw. Mose et al. 2014), in denen unter anderem Themen wie ‚Landschaft' und ‚Heimat' in den thematischen Fokus gerückt werden können, lassen sich unter eine kollaborative Landschaftsgovernance fassen.

5.2 Partizipative Landschaftsgovernance im Hinblick auf nicht-staatliche Akteur~innen und die Problematik von Konsenserwartungen

Über die Kollaboration unterschiedlicher Akteur~innen hinaus lässt sich bei Landschaftsgovernance der Aspekt einer aktiven Bürger~innenbeteiligung in den Fokus rücken: als partizipative Landschaftsgovernance. „Partizipationsdebatte[n]" (Harth 2012, S. 352) als „Renaissance der Bürgerbeteiligung" (Jirku 2005, S. 12) im Rahmen der Governance-Forschung sehen vielfach ‚Partizipation als Modus sozialer Selbstorganisation' an (Gethmann 2005; vgl. auch Berr 2018b). Diese Vorstellung wird implizit von einer „Eigenkompetenzthese" gestützt, der zufolge „der Laie im Unterschied zum Experten über diejenigen evaluativ-präskriptiven Kompetenzen verfügt, die als Grundlage für ‚richtige' (seine Lebenswelt betreffende) Entscheidungen notwendig sind" (Gethmann 2005, S. 32). Gegen diese These sprechen durchaus Erfahrungen der Irrtumsanfälligkeit persönlicher Entscheidungen und Urteile. Auch wissenschaftliche Theorien marxistischer, psychoanalytischer oder machttheoretischer Art (vgl. Gethmann 2005) relativieren diese These. Gleichwohl ist die Eigenkompetenzthese keineswegs grundsätzlich zu bestreiten, sondern als eine kontextrelative „regulative Idee" (Gethmann 2005, S. 32) zu verstehen und entsprechend zu gebrauchen. So verstanden können Bürger~innenbeteiligungen die Kommunikation zwischen Aushandlungsakteur~innen verbessern und dadurch potenziell die ‚Akzeptanz' (Gethmann 2005) oder ‚Akzeptabilität' (Hubig 2007) anfallender Entscheidungen erhöhen, wie unter anderem im Kontext der Landschaftsgovernance der Energiewende erhofft (Blum et al. 2014; Holstenkamp und Radtke 2018; Sontheim und Weber 2018).

Mit Blick auf erforderliche Aushandlungsprozesse zwischen staatlichen und nicht-staatlichen Akteur~innen werden (Landschafts)Governance-Ansätze – insbesondere in ihrer akteur~innenzentrierten Variante – von einer weiteren idealistischen Annahme getragen: und zwar von einem „Verhandlungsoptimismus", der „von allem Denken in Kategorien von Macht und Konflikt Welten entfernt" ist und „Macht- und Interessenkonflikte nicht" analysiert, „schon gar nicht solche unversöhnlicher Art" (Ottmann 2012, S. 288–289). Charakteristisch ist eine „Blindheit für Macht- und Verteilungsfragen" (Offe 2008, S. 72) und für die Konflikthaftigkeit erforderlicher Aushandlungsprozesse. In einem solchen Verständnisrahmen unterstellt beispielsweise die ‚Diskursethik' von Habermas (1983a, 1991) die Möglichkeit einer Konfliktlösung in Gestalt eines Konsenses zwischen den Diskursteilnehmer~innen in ‚herrschaftsfreien Diskursen' (Habermas 1983b) im Rahmen einer ‚idealen Sprechakt-Situation' (Torfing 1999, S. 11).

Allerdings spricht vieles dafür, dass diese „Konsenserwartung" zu hoch ist, da sich das erforderliche „Miteinander-Reden" als „ambivalent" erweist (Ottmann 2012, S. 118): Es kann im traditionellen Sinne von Aristoteles (2009) qua Kommunikation zur ‚Gemeinschaft', es kann aber im traditionellen Sinne von Hobbes (2017) auch zu fortdauerndem Dissens und sogar zu Feindschaft (vgl. Grau 2017; Mouffe 2007a, 2014; Schmitt 1933, 2011) führen. Ein ‚Konsenserzielungsoptimismus' kann zu einem ‚Konsenserzielungszwang' (Berr 2019b) und zu einem ‚ethischen Rigorismus' (Apel 1973; Gethmann und Sander 2004, S. 115) führen – insbesondere dann, wenn (wie bei Habermas) der erwünschte Konsens im Rahmen eines ‚moralischen Universalismus' angestrebt wird, der annimmt, Konflikte dadurch glätten zu können, dass das moralisch Gute mit dem sittlich und dem evaluativ Guten gleichgesetzt und universalisiert, das heißt, als für alle Menschen *gleich gültig* behauptet wird. Diese optimistische Annahme scheint allerdings an einer plural verfassten Wirklichkeit vorbei zu zielen: Denn das, was „moralisch (gut für alle) ist, deckt sich nicht automatisch mit dem, was sittlich (gut für uns) ist" (Ottmann 2012, S. 293). Vernachlässigt wird demnach die Tatsache der Unterschiedlichkeit der Menschen und ihrer Lebens- und Gemeinschaftsformen in Gestalt unterschiedlicher Alltagswelten, Moralen, Überzeugungen oder Wertorientierungen, die sich keineswegs auf einen gemeinsamen ‚kleinsten Nenner' (Hubig o. J., o. S.) reduzieren lassen. Die gleiche Geltung oder Gültigkeit der universalistischen Moral für alle kann gleichsam zur *Gleichgültigkeit* beziehungsweise Indifferenz gegenüber der Unterschiedlichkeit der einzelnen Menschen führen. Das eint bei aller Verschiedenheit die großen Ethikentwürfe wie die Diskursethik, den Utilitarismus und die kantische Pflichtenethik, insofern der von ihnen geforderte unparteiliche ‚Standpunkt der Moral' (Baier 1974; Frankena 1983; Habermas 1983b, S. 127–206) den konkreten situativen und „motivationalen Hintergrund" der handelnden Subjekte ausblendet, also eine „Perspektive einnimmt, in der es selbst [das handelnde Subjekt; Anmerkung d. Verf.] als konkrete Person nicht mehr vorkommt" (Quante 2008, S. 138). Die Bedürfnisse und Interessen der Individuen sind lediglich „Material der Bearbeitung" (Kuhlmann 1985, S. 246) oder der „Pflicht" (vgl. Hoffmann 2009, S. 319) oder sie werden

5.2 Partizipative Landschaftsgovernance

im utilitaristischen Nutzenkalkül gegeneinander ‚verrechnet' (Höffe 2008; Rawls 2017, S. 211–220). Zwar kann es schon in lebensweltlichen partikularen Moralen oder Gruppenüberzeugungen eine „Tendenz auf Verallgemeinerbarkeit" (Gethmann 1993, S. 160) geben, wenn es Akteur~innen bei Störungen lebensweltlicher Orientierungen und Handlungsroutinen oder bei ausbrechenden Konflikten aus pragmatischen Gründen erforderlich scheint, die individuelle oder gruppenspezifische Perspektive zugunsten einer Perspektive zu überschreiten, die viele oder sogar alle Menschen umfassen kann (etwa in der Menschenrechtsfrage oder neuerdings in Fragen einer globalen Klimapolitik). Insofern ist die „Suche nach verallgemeinerbaren Orientierungen bis hin zum Grenzfall der Universalität […] eine in der inneren Tendenz lebensweltlichen Bedarfs liegende Dynamik" (Gethmann 1993, S. 161). Moralische Universalisierung und partikulare Moralen oder Überzeugungen und Wertorientierungen sind daher sinnvollerweise nicht gegeneinander auszuspielen.

Ein solches Gegeneinander-Ausspielen wird möglich unter der Voraussetzung einer Vorstellung der modernen Welt, die der Politikwissenschaftler Henning Ottmann als „Theorie einer halbierten Moderne" (2012, S. 390) bezeichnet. Dies bedeutet beispielsweise, einen ‚Universalismus des Rechts und der Moral' gegen die Pluralität und Partikularität kleinskaliger (örtlicher, kommunaler, regionaler, nationaler) Formen von Sittlichkeit, Moral, Recht und Traditionen ausspielen und diesen gegenüber als entscheidend aufwerten zu können, ohne zu beachten, dass damit nur „eine Hälfte der Moderne" angesprochen wird, „weil die Gegenkräfte nicht genannt werden, die diesen Tendenzen entgegenstehen und sie komplementieren" (Ottmann 2012, S. 390). Der umgekehrte Prozess, der Pluralität und Partikularitäten gegen einen vereinheitlichenden Universalismus ausspielt, wird oft unter dem Stichwort ‚Postmoderne' (Lyotard 1979; Vester 1993; Welsch 2002) befürwortet. Es ist allerdings umstritten, ob dieser historische Prozess, der in den letzten Jahrzehnten auch mit Begriffen wie ‚halbierte' (Beck 1986), ‚reflexive' (Beck et al. 1996) oder ‚zweite Moderne' (Klotz 1996) gekennzeichnet wurde, *und* dessen Thematisierung tatsächlich neu sind. Schon die Romantik thematisierte die ‚Gegenkräfte' zum Fundamentalanspruch aufklärerischer ‚Vernunft'. Vertreter des deutschen Idealismus thematisierten die Ausdifferenzierung (Kant 1990) oder die ‚Entzweiung' der ‚Vernunft' (Hegel 1979). Die Romantik hatte freilich das Ziel, die ‚Gegenkräfte' als die ‚wahre' Instanz und die Vernunft und ihre Ansprüche als abgeleitete sekundäre Instanz menschlichen Weltverhaltens zu demaskieren (Welsch 1996, S. 36), die idealistische Philosophie mit dem Ziel, die ausdifferenzierten Vernunftformen zwecks nachträglicher Einheitsstiftung zu ‚überbrücken' (Kant 1990) oder auf einer höheren geistigen Vermittlungsebene qua ‚Macht der Vereinigung' zu ‚versöhnen' (Hegel 1979; vgl. Welsch 1996, S. 54–61).

Anstatt moral-universalistisch stets nach einem umfassenden Konsens zu streben oder moral-partikularistisch allgemeinere Konfliktlösungen oder -regelungen von vornherein ins Zwielicht zu setzen, kann ein *konflikttheoretischer* Ansatz Konflikte und Dissense unvoreingenommen betrachten und einer Regelung zuführen (siehe Abschn. 3.3). Weder lassen sich Dissense grundsätzlich vermeiden noch ist es grundsätzlich sinnvoll oder opportun, Dissense überwinden oder auflösen zu wollen (vgl. hierzu ausführlich: Weber, Kühne et al. 2018), weil Dissense sowohl das „Potential subjektiver Identitätsbildung als auch freier Handlungswahl" (Hubig 2007, S. 150) gegen die moralische Festlegungstendenz von Konsensen (vgl. Hubig 2007) gewährleisten und erhalten können. Demgemäß hat Ralf Dahrendorf (1972), ähnlich auch Chantal Mouffe (2007b, 2010, 2014), die Normalität und zugleich Produktivität sozialer Konflikte herausgestellt, die Lebenschancen von Individuen erhöhen und Freiheitsspielräume bewahren können (Berr 2018a, 2019a, 2019b; Berr et al. 2019; Berr und Kühne 2019b; vgl. Kühne 2017b, 2018a, 2019a; Kühne und Weber 2018; Kühne et al. 2019a; Weber 2018a, 2019a, b; Weber et al. 2018a). Dahrendorf erinnert im Übrigen in Anknüpfung an Poppers These eines unhintergehbaren ‚Fallibilismus' (Popper 1963) daran, dass sowohl alltagsweltliches als auch wissenschaftliches Wissen in Konfliktlagen stets irrtums- und fehleranfällig sind. Niemand, ob Wissenschaftler~in, Expert~in oder Nicht-Expert~in, kann für sich ein ‚absolut' gesichertes, ‚richtiges' oder ‚wahres' Wissen ästhetischer, moralischer oder kognitiver Art beanspruchen und einen Konflikt mit diesem Wissen endgültig und sicher entscheiden. Alle Konfliktbeteiligten sind daher angehalten, den Horizont möglicher Erklärungen und Lösungsvorschläge gegen Immunisierungsstrategien oder angemaßte Deutungshoheiten offenzuhalten, sich einer verschärften Begründungsarbeit gegenüber konkurrierenden Theorien und Deutungen auszusetzen und angesichts der generellen Unsicherheit jedweden Wissens den eigenen Irrtum als immerhin möglich anzuerkennen. Mit Dahrendorf (2004, S. 141) ist daher an die „aufgeklärte Skepsis von Immanuel Kant" gegenüber überschwänglichen oder unreflektierten Wissensansprüchen anzuschließen. Poppers These des Fallibilismus bedarf daher einer „Ethik der Ungewissheit" (Dahrendorf 1972, S. 313), die gegen jede Form eines wissenschaftlichen oder alltagsweltlichen Überzeugungs-Dogmatismus gerichtet ist. Ob in „Wissenschaft und Politik" oder anderen sozialen Systemen und Lebensbereichen – Menschen brauchen „die lebendige Auseinandersetzung" (Dahrendorf 1972, S. 315) – und dies partizipationsbezogen mit der Entwicklung von Bürgerinitiativen, Aktionsgruppen etc. heute vielleicht mehr denn je. Konflikte als ‚lebendige Auseinandersetzung' können wiederum nur „gelingen, wenn sie in bestimmte Institutionen gebannt sind", wie sie beispielsweise die ‚kritische Wissenschaft' und die ‚repräsentative Demokratie' darstellen (Dahrendorf 1972, S. 315). Das heißt, es müssen Institutionen, aber auch ‚Organisationen' (Hubig 2007, S. 163) etabliert werden, die die Bedingungen absichern, Konflikte beziehungsweise Dissense ‚managen' (Hubig 2007, S. 147–163) oder im Sinne von Dahrendorf (1972) ‚regeln' zu können.

Wesentliche Hindernisse bei der Regelung von Landschaftsgovernance-Prozessen sind neben dem bereits erwähnten geringen Grad an Organisiertheit mancher Konfliktparteien – beispielsweise bei verschiedenen Bürgerinitiativen anzutreffen – und dem Streben nach umfassendem Konsens eine häufig mit Aushandlungsprozessen einhergehende Moralisierung der Sachfragen und Polarisierung der Positionen: Statt die Standpunkte der ‚anderen Seite' als legitim anzuerkennen, werden Akteur~innen der ‚Gegenseite' in Teilen moralisch diskreditiert (Berr 2018a, 2019b; Berr und Kühne 2019a, b; Kühne 2008b, 2019e; Spanier 2006). So treffen beispielsweise ‚Zerstörer~innen von Heimat und Landschaft' auf ‚die Zerstörer~innen der Zukunft der Menschheit' (vgl. Kühne und Weber 2015; Renn 2012). Hintergrund solcher Moralisierungen ist die undurchschaute oder strategisch genutzte Absolutsetzung vermeintlich ‚an sich' gegebener Werte oder Normen, die an spezifische ‚Moralen' beziehungsweise Werte- oder Normensysteme gebunden sind.

Unter ‚Moral' lässt sich ein System von das Handeln von Menschen (mit)bestimmenden (normativen) Regeln (Rollen, Normen) und Werten als Ergebnis sozialer Konventionalisierungsprozesse verstehen (unter vielen: Berr 2017, 2018a; Bruns und Kühne 2015a, b; Kühne 2019b, c, e; Weber 2019c). Im Gegensatz dazu wird unter ‚Ethik' die Reflexion auf beziehungsweise der Moral verstanden (vgl. Ach et al. 2008; Lutz-Bachmann 2013; Quante 2008). ‚Werte' benennen erwünschte materielle oder immaterielle Sachverhalte (Gesundheit, Pünktlichkeit, faire Kommunikation), die a) der Orientierung (Kluckhohn 1951) dienen, b) Normen legitimieren oder c) als ‚Regeln der Identifizierung von Zwecken' (Hubig 1985) fungieren (vgl. Wildfeuer 2011). Werte folgen einer bipolaren Logik, insofern jedem Wert ein Gegenwert oder ‚Unwert' entgegengesetzt werden kann (Grau 2017; Hartmann 1926; Schmitt 2011) – etwa der Pünktlichkeit die Unpünktlichkeit, dem ‚Guten' das ‚Böse'. Normen hingegen lassen sich als satzförmige Regeln in Imperativform verstehen (Du sollst nicht X, Du sollst Y, Du darfst nicht Z), die kein entsprechendes ‚Gegen' haben, wie die Werte die Unwerte. Stattdessen spielt bei Normen ein anderer Gegenspieler eine wichtige Rolle, nämlich der Mechanismus von Sanktionen, wenn Normen nicht erfüllt werden (vgl. Prange 2010). Die Folge können Tadel, der Entzug der sozialen Anerkennung oder gar Ächtung und – bei gesetzlichen Normen – Strafen sein.

Mit der allgemeinen Tendenz in der deutschen Gesellschaft zu einem Bedeutungsgewinn moralischer Kommunikation (Grau 2017; Luhmann 1993) ist auch eine Zunahme der Moralisierung von ‚Landschaft' zu beobachten (Kühne 2008b, c; Spanier 2006, 2008). Moralisierung hat eine radikale Dekomplexisierung landschaftsbezogener Kommunikation zum Ergebnis: An die Stelle eines Nachvollzugs der Komplexität wirtschaftlicher, wissenschaftlicher, planerischer oder politischer Systemlogiken oder des komplexen Verhältnisses von Gesellschaft und ihrer Umwelt rückt eine moralische Diskreditierung alternativer Weltsichten, nicht etwa eine Akzeptanz von ‚alternativen, aber durchaus legitimen Deutungen der Welt' (Dahrendorf 1969b). Moral stellt sich hierarchisch über die spezifischen Logiken der gesellschaftlichen Teilsysteme. An die Stelle der sachlichen Diskussion um den Einzelfall (Windkraftanlage/Umgehungsstraße/Kiesgrube etc.) in Bezug auf Wirtschaftlichkeit, ‚Raumverträglichkeit', politische Umsetzbarkeit etc. erfolgt eine vollumfängliche Herabsetzung der ‚anderen Seite' bis hin zum Absprechen der Berechtigung, als gleichberechtigte~r Diskussionspartner~in aufzutreten, denn „aus dem weltanschaulichen Kontrahenten wird ein pathologischer Fall. Und mit Patienten diskutiert man nicht, Patienten muss man heilen" (Grau 2017, S. 47). Solchermaßen entsteht eine paternalistische Haltung: Da die andere Seite ‚krank' sei, habe diese ihre Entscheidungsbefugnis über landschaftliche Fragen verloren, bspw. im Kontext des Windkraftausbaus, aber auch des Baus von Umgehungsstraßen etc.

Dementsprechend bedeutet eine Moralisierung der Kommunikation (im Allgemeinen, hier in Bezug auf Landschaft) nicht zuletzt eine Sklerotisierung der Gesellschaft (grundlegend: Luhmann 1993). Alternative Deutungen werden nicht mehr sag- und zuletzt denkbar gemacht. Sie bedeuten aber auch den Verlust der Vorteile einer funktional differenzierten Gesellschaft: Die Konstruktion von ‚Landschaft' erfolgt nicht mehr differenziert wirtschaftlich, politisch oder wissenschaftlich, sondern vorwiegend (oder gar ausschließlich) vor dem Hintergrund einer speziellen Moral, mit dem Ergebnis, dass landschaftliche Kontingenzen immer weniger akzeptiert werden (Kühne 2018c). Dieser Kontingenzverlust bezieht sich einerseits auf die Vielfalt der akzeptierten Landschaftsvorstellungen, andererseits auf die physischen Grundlagen von ‚Landschaft'. Der moralische Anspruch einer flächendeckenden Wiederherstellung von ‚historisch gewachsener Kulturlandschaft' repräsentiert etwa keinesfalls die Vielfalt gegenwärtiger gesellschaftlicher Ansprüche an physische Räume. So werden etwa wirtschaftliche und soziale Ansprüche an physische Räume (etwa der Ernährungssicherheit oder der Wunsch, in modernen Gebäuden zu leben) unterdrückt (ausführlicher dazu: Eisel 1982; Körner 2006a; Kühne 2008c, 2014a).

Partizipative Governance im Sinne von Konfliktregelungsverfahren wäre daher so zu modellieren und abzusichern, dass Konfliktkontrahent~innen sowohl in der Lage sind, den teils harten und unangenehmen Streit der Argumente als auch den Umstand auszuhalten, dass Dissense nicht einfachhin durch voreiligen Konsens oder Kompromiss zum Verschwinden gebracht werden können. Entscheidend ist dabei zudem, Bürger~innenbeteiligung nicht einseitig als Akzeptanzbeschaffung zu verkennen. Auch bei umfänglicher Partizipation können gegenteilige Sichtweisen weiterhin in hohem Maße unvereinbar einander gegenüberstehen, was dem Konfliktmanagement zentrale Bedeutung zukommen lässt – gerade in Kontexten mit hohem alltagsweltlich-emotionalem Gehalt wie ‚Landschaft'.

5.3 Grenzüberschreitende Landschaftsgovernance

Die bisherigen Ausführungen in diesem Kapitel haben Landschaftsgovernance unter den Gesichtspunkten betrachtet, wie sich vor dem Hintergrund veränderter Vorzeichen zum einen Zusammenarbeit (kollaborative Landschaftsgovernance) und zum anderen Beteiligung (partizipative Landschaftsgovernance) auf Steuerungsmodi auswirken. Planungs- und Steuerungsprozesse sind heutzutage durch hohe Komplexitäten geprägt, die aus dem Zusammenspiel vielfältiger Akteur~innen resultieren, wobei unterschiedliche Formen und Ausprägungen von Bürger~innenbeteiligung Vorhaben unterstützen, gleichzeitig aber auch unberechenbarer werden lassen können. Die konfliktbezogenen Auswirkungen wurden dabei explizit herausgestellt. Im Hinblick auf das Beispiel der Zusammenarbeit von Gebietskörperschaften bei europäischen Metropolregionen wurde ein weiterer Aspekt bereits angerissen, aber noch nicht explizit adressiert: Auswirkungen einer grenzüberschreitenden Governance. Zwar erlangt das Funktionalprinzip immer stärkere Bedeutung, doch gleichzeitig verlieren tradierte Raumeinheiten wie Kommunen, Landkreise und Nationalstaaten nicht völlig ihre Bedeutung und Prägekraft, in Teilen eher im Gegenteil. Vor diesem Hintergrund stellt sich die Frage, wie sich Steuerungsformen über unterschiedliche Grenzen hinweg konstituieren und welche Herausforderungen einhergehen.

Um sich diesem Aspekt anzunähern, bedarf es zunächst einer Reflexion, wie sich Grenzen einordnen lassen. Grenzen können grundlegend und in vereinfachter Betrachtung als „gedachte oder abstrakte Linie" gedeutet werden, „anhand welcher Unterscheidungen getroffen und Dinge durch Differenz identifiziert werden" (Heintel et al. 2018, S. 1). Hieraus folgt, dass es sich bei jeder Grenzziehung um einen „Akt der Differenzierung" handelt, der mit der „Konstitution von Bedeutung" verbunden ist, was wiederum zur Folge hat, dass dem Moment der Abgrenzung zentrale Relevanz zukommt (Doll und Gelberg 2014, S. 17). Die eigene Identitätskonstitution ist vor diesem Hintergrund entscheidend mit Grenzen verknüpft, die etwas anderes ausschließen, wobei das Ausgeschlossene durchaus ambivalent ausfallen kann: „Das Jenseitige hinter der Grenze ist geliebt und gefürchtet zugleich" (Sahr und Wardenga 2005, S. 157). Mit dem Zerfall der Sowjetunion und dem Fall des ‚Eisernen Vorgangs' verbanden sich zu Beginn der 1990er Jahre Hoffnungen beziehungsweise Erwartungen zugunsten einer „*borderless world*" (Ohmae 1999), die allerdings in den letzten Jahren eher mit wachsender Skepsis betrachtet wurden, u. a. beeinflusst durch die so bezeichnete Flüchtlingskrise in Europa und erstarkte Nationalismen. Einhergehend erfolgte und erfolgt eine wachsende wissenschaftliche Auseinandersetzung mit der Rolle und Bedeutung von Grenzziehungen in einem dynamischen Bereich, der als ‚*Border Studies*' gefasst werden kann (u. v. bspw. Boesen und Schnuer 2017; Newman 2006; Paasi 1998; Rumford 2016; van Houtum et al. 2005; Wastl-Walter 2011). Grenzen werden in der Regel zunächst mit nationalstaatlichen Außengrenzen assoziiert, sind aber komplexer und weitreichender zu denken, wie beispielsweise Newman (2006, S. 172) anmerkt: „Many of the borders which order our lives are invisible to the human eye but they nevertheless impact strongly on our daily life practices. They determine the extent to which we are included, or excluded, from membership in groups, they reflect the existence of inter-group and inter-societal difference with the ‚us' and the ‚here' being located inside the border while the ‚other' and the ‚there' is everything beyond the border." Grenzziehungen erlangen auf diese Weise zentrale Relevanz als eine grundlegende Gesellschaftsstrukturierungskomponente, die keineswegs nur territorial zu denken ist. Der raumbezogene Zugang ist einer unter mehreren, wobei territorial von einem Aufeinandertreffen administrativer, politischer Einheiten ausgegangen wird (Caesar und Pallagst 2018, S. 13), die aber nicht ‚einfach naturgegeben' vorhanden sind, sondern sich konstituieren. Räume gewinnen durch Grenzziehungen an Kontur, d. h. sie entstehen hierdurch. Gleichzeitig ergeben sich Grenzziehungen durch das Entstehen von Staaten, Regionen etc. (Heintel et al. 2018, S. 3). Üblicherweise erscheinen Grenzen dadurch wie gegeben, dass sie reproduziert werden und so im Alltag wenig hinterfragt werden (Schönwald et al. 2018, S. 133). Grenzen können sich relational wiederum auch durch Zugehörigkeiten zu einem Netzwerk ergeben und damit beispielsweise problemlösungsbezogen zu regionalen Zusammenschlüssen nach dem Funktionalprinzip – wer nicht beteiligt ist, ist nicht Teil des Netzwerkes und damit ein Stück weit ‚außen vor'. Mit konstruktivistischer Perspektive ergeben sich Grenzziehungen zudem in Verbindung mit divergierenden Wahrnehmungen und Identitätskonstruktionen, die Handlungspraktiken beeinflussen können (Wille 2014). Entgegen einem ‚engen' auf Nationalstaaten bezogenen Grenzbegriff lassen sich mit einem ‚weiten' entsprechend vielfältige Differenzierungen mit Alltagsrelevanz in Überlegungen berücksichtigen (Redepenning 2018). Grenzen können auf der einen Seite separieren und Barrieren beziehungsweise Gaps zur Folge haben (Leibenath 2008). Auf der anderen Seite können diese auch ein verbindendes Moment umfassen und Übergangs-/Kontaktzonen konstituieren (dazu bspw. Schönwald et al. 2018, 133–134), in denen sich grenzüberschreitende Handlungen und Praktiken entwickeln (Wille et al. 2014; Wille 2015). Mit diesen Überlegungen sind bereits grundlegende ‚Pfeiler' im Hinblick auf eine grenzüberschreitende Governance umrissen: Grenzen können beschränken, gleichzeitig ermöglichend wirken – davon ausgehend, dass diese umkämpft und wandelbar ausfallen, wie Paasi (2012, S. 2307) bemerkt. Komplexitäten und Multidimensionalitäten ist Rechnung zu tragen.

Sich grenzüberschreitender Governance konkret anzunähern, bedingt, der Frage nachzugehen, welche Differenzierungen heute zentrale Prägekraft entfalten. Im europäischen Kontext gewinnt zwar die EU-Ebene nach und nach an Bedeutung, doch Nationalstaaten sind keineswegs irrelevant geworden. Die territoriale Komponente bringt spezifische Regelungen mit sich, die politische Gestaltungsmöglichkeiten, Planung, Lebenswirklichkeiten beeinflussen (Obkircher 2017; Wille 2015). Raumplanung stellt bis heute ein binnenstaatliches Hoheitsrecht dar, das auf nationalen gesetzlichen Regelungen fußt (Nienaber 2018, S. 163), womit nationalstaatliche Grenzen eine Rahmung darstellen, die innerstaatlich eine Differenzierung in Bundesländer, Regionen, Landkreise, Départements, Kommunen etc. erfährt. Auch wenn im Alltag vielfältige Grenzen Wirkmächtigkeit entfalten können, so bezieht sich, wie Priebs (2018, S. 182) bemerkt, die „öffentliche Verwaltung […] in ihrer Zuständigkeit und ihrem Handeln stets auf ein konkret definiertes Territorium" (Priebs 2018, S. 182). Zeigt sich, dass diese Gebietszuschnitte nicht zwingend problembezogen geeignete räumliche Kulissen bilden, ergibt sich die Grundlage für eine grenzüberschreitende Zusammenarbeit. Unterschiedliche Motivationen zur Kooperation lassen sich hier unterscheiden (Priebs 2018, S. 183–184), darunter die Erhöhung der Wirtschaftlichkeit (bspw. durch das gemeinsame Betreiben von Einrichtungen), die Erhöhung der Außenwirksamkeit (bspw. durch gemeinsame Werbemaßnahmen) oder der Wunsch nach einer verbesserten Aufgabenerfüllung (bspw. im Hinblick auf den öffentlichen Nahverkehr oder Naherholungsgebiete), die mit Verwaltungskooperationen erreicht werden könnte. In Deutschland bestehen unterschiedliche (mehr oder weniger niederschwellige) Kooperationsmöglichkeiten, um diesen Zielsetzungen Rechnung zu tragen:

- eingetragener Verein: In diesen „tun sich kooperationsbereite öffentliche und ggfs. auch private Partner zusammen, um solche gemeinsamen Aufgaben zu bearbeiten, die nicht zwingend einer öffentlich-rechtlichen Struktur bedürfen" (Priebs 2018, S. 185).
- Gesellschaft mit beschränkter Haftung: Diese Form findet sich häufig bei Wirtschaftsförderungen oder im Standortmarketing.
- Verwaltungsgemeinschaften und öffentlich-rechtliche Verbände: Ein frühes Beispiel stellt der 1920 gegründete Siedlungsverband Ruhrkohlenbezirk dar, mit dem die regionale Abstimmung im Ruhrgebiet institutionalisiert wurde. Regionale Planungsverbände wie der Verband Region Stuttgart oder Zweckverbände für spezifische Aufgabenwahrnehmungen stellen weitere und aktuelle Formen der Zusammenarbeit dar (Priebs 2018, S. 186–189).

Aus der Herausforderung heraus, bei über nationalstaatliche Grenzen hinausgehende sich institutionalisierende Kooperationen auf nationale Rechtsformen angewiesen zu sein, wurde auf europäischer Ebene mit einer Verordnung aus dem Jahr 2006 das Instrument ‚Europäischer Verbünde für territoriale Zusammenarbeit' (EVTZ) geschaffen, um „grenzüberschreitende, transnationale und interregionale Zusammenarbeit zwischen den Mitgliedstaaten oder deren regionalen und lokalen Behörden zu erleichtern" (Europäisches Parlament 2019, o. S.). Es ist damit eine neue Möglichkeit der Institutionalisierung mit dem Vorteil entstanden, dass „gemeinsame Interessen leichter auf europäischer oder nationalstaatlicher Ebene vertreten werden können und die Kooperation eine höhere Sichtbarkeit erlangt" (Caesar und Pallagst 2018, S. 21). Gleichzeitig gestaltet sich die Etablierung durchaus nicht simpel, wobei seit einer Verordnung aus dem Jahr 2013 Vereinfachungen ermöglicht wurden.

In allen bisher angesprochenen Konstellationen ergeben sich Fragen der Steuerungsmöglichkeiten (allg. Priebs 2018, S. 199), wobei im über nationalstaatliche Grenzen hinweggehenden Kontext durch eine Vervielfachung beteiligter Einheiten eine besondere Herausforderung liegt (Evrard und Schulz 2015, S. 84). Zu Zielen einer entsprechenden grenzüberschreitenden Governance wird es, politisch-administrative Unterschiede zu überwinden und Nachteile einer peripheren Lage auszugleichen (Fricke 2014, S. 63; Obkircher 2017, S. 47), wobei jeweils spezifische Ausgangsbedingungen zu beachten sind (Obkircher 2017, S. 65). Transnationale grenzüberschreitende Governance wird damit zu einer „spezifische[n] Form der ‚Steuerung' [-], da hier zusätzlich zum vertikalen Gefüge die zwischenstaatliche (horizontale) Ebene ergänzt wird" (Pallagst et al. 2018a, S. 33 mit Bezug auf Leibenath et al. 2008). Statt *cross-border cooperation* wird in der internationalen Auseinandersetzung zunehmend von *cross-border governance* gesprochen, womit explizit der Relevanz von Steuerungsfragen Beachtung geschenkt wird. So werden in Grenzräumen auch dezidiert „neue Akteure mit in den Blick genommen (z. B. Zivilgesellschaft), die spezifischen Probleme von Mehrebenenpolitiken angesprochen und Diskrepanzen zwischen funktionalen und territorialen Aktivitäten beleuchtet" (Pallagst et al. 2018a, S. 36; dazu auch Nadalutti 2014; Špaček 2018).

Insofern darf es nicht verwundern, dass sich fließende Übergänge zwischen einem eher territorialen und einem eher funktionalen Typ grenzüberschreitender Governance ergeben, verbunden mit unterschiedlichen Institutionalisierungsgraden und Flexibilisierungsausprägungen (Fricke 2014, S. 67–69; Paasi und Metzger 2017, S. 23). Unterschiedliche nationale Zuständigkeiten, Abhängigkeiten und Regelungen bedingen quasi automatisch eine gewisse territoriale Komponente, ergänzt um funktionale Zugänge in Verbindung mit der Erwartung an eine gewisse Problemlösungs- und Steuerungsfähigkeit (Deppisch 2012; Perkmann 2003). Bis heute sind unterschiedliche nationale Hintergründe bei Planungsprozessen in Verbindung mit verschiedenen juristischen Rahmenbedingungen von Belang. So lassen sich mit Knieling und Othengrafen (2009) unterschiedliche institutionalisierte und geteilte und damit landesbezogen divergierende Planungspraktiken identifizieren, womit auch von ‚Planungskulturen' gesprochen wird (auch Caesar und Pallagst 2018, S. 23), die bis heute eine gewisse „Definitionsmacht" entfalten (Nienaber 2018, S. 166). Spezifische Ausprägungen von Governance können damit aufeinandertreffen – in Verbindung mit Herausforderungen ‚kultureller' und sprachlicher Grenzen (Damm 2018, S. 63), unterschiedlich hohen Komplexitäten und mitunter durchaus auch begrenzten Institutionalisierungen beziehungsweise einer begrenzten Organisiertheit von beteiligten Akteur~innen, die eine Zusammenarbeit erschweren können (Evrard und Schulz 2015, S. 84–85), wie grundlegend bereits als Herausforderung im Hinblick auf die Thematik von Konfliktregelungen adressiert wurde (siehe Abschn. 3.3).

Innerhalb Europas wurde bereits im Jahr 1975 der Europäische Fonds für Regionale Entwicklung (EFRE) eingerichtet, mit dem Projekte zugunsten einer räumlichen Entwicklung gefördert werden. 1990 wurde innerhalb des EFRE die Förderlinie Interreg etabliert, mit der Ungleichheiten zwischen den Regionen ausgeglichen und so der soziale und wirtschaftliche Zusammenhalt in der EU gestärkt werden sollen. Explizit werden seitdem die Zusammenarbeit in Grenzregionen sowie die transnationale und interregionale Zusammenarbeit gefördert (dazu bspw. Pallagst et al. 2018c). Ergänzend wurden in der Europäischen Union makroregionale Strategien als grenzüberschreitende, transnationale Kooperationsform etabliert, um gemeinsame Herausforderungen, die einer Bearbeitung bedürften, anzugehen (Sielker und Chilla 2015). An dieser Stelle zeigt sich der Bedeutungsgewinn flexibler Grenzziehungen in so bezeichneten *soft spaces* mit *fuzzy boundaries* (Haughton et al. 2009). Funktionalen Verflechtungen kommt in der grenzüberschreitenden Governance entsprechend wachsende Bedeutung zu – mit Auswirkungen auf die Steuerungsmodi: „Für diese informellen fluiden Planungsräume sind andere (grenzüberschreitende) Planungsinstrumente als die formellen (grenzabhängigen) relevant, z. B. Entwicklungsleitbilder, Expertengremien, Regionalkonferenzen, Akteursworkshops, Fokusgruppen, Zukunftswerkstätten, themenorientierte Arbeitsgruppen oder auch grenzüberschreitende Projektumsetzungen" (Nienaber 2018, S. 164). Dies kann wiederum zur Folge haben, dass sich ganz unterschiedliche Formen der Steuerung etablieren und es zur Überlagerung von Einheiten und deren Aufgaben kommen kann

(Pallagst et al. 2018a, S. 342). Zur Frage wird dann, inwieweit gemeinsame Visionen entwickelt werden, ein Austausch von Wissen und Erfahrungen stattfindet und Vertrauen aufgebaut wird, was vor dem Hintergrund der skizzierten Herausforderungen zu einem komplexen Unterfangen geriert.

Welche konkreten Auswirkungen leiten sich hieraus nun für eine grenzüberschreitende Landschaftsgovernance ab? Grundlegend ist zu berücksichtigen, welche grenzüberschreitende Ausprägung Relevanz entfaltet. Wie herausgestellt, können unterschiedliche Maßstabsebenen Auswirkungen entfalten, wie sich letztlich bereits bei der kollaborativen Landschaftsgovernance (Abschn. 5.1) andeutete. Mentale Grenzen bedingen mitunter bereits Verwerfungen, wenn innerhalb eines Ortes bei Planungen zum Beispiel bei einer Parkanlage divergierende Erwartungen zu Konflikten führen. Territorialer gedacht ergeben sich Fragen grenzüberschreitender Governance unter anderem bei Großschutzgebieten (allg. bspw. Hammer 2003; Mose und Weixlbaumer 2002; Weber et al. 2018b). Naturparke (in Deutschland unter anderem als eingetragene Vereine organisiert) basieren auf normativen Grenzziehungen u. a. entlang administrativer, gerade kommunaler Grenzen. Sie sind damit „nur schwerlich feststehende ‚natürlich gegebene' Regionen, […] wie in essentialistischer Lesart unterstellt wird" (Weber 2015b, S. 129). Sie werden in verschiedene politische Teilräume zergliedert (Weber und Weber 2014, S. 50), wobei sich daraus resultierende Herausforderungen beispielsweise bei Zielsetzungen rund um den Schutz von ‚Natur und Landschaft' zeigen. Der Ausbau erneuerbarer Energien kann in der einen Mitgliedsgemeinde explizites Ziel zum ‚Natur- und Klimaschutz' sein, in der Nachbargemeinde aber mit dem Verweis auf eine ‚Verschandelung von Landschaft und Heimat' auf vehemente Ablehnung stoßen. Bürger~innen können hier wiederum in die eine oder andere Richtung argumentieren – mit Verein- oder Unvereinbarkeiten im Hinblick auf das Schutzgebiet Naturpark und dessen Landschaftsgestaltung – ein mitunter hochgradig konflikträchtiges Terrain (Weber und Jenal 2016, 2018). Das Aufeinanderprallen von Interessen, das Entstehen von Konkurrenzsituationen und Kirchturmdenken ist bei entsprechender Landschaftsgovernance damit ein gewisser ‚Normalfall' (Weber 2013, 2015b, S. 130). Eine grenzüberschreitende Zusammenarbeit (über bundesländer-, landkreis- oder kommunale Grenzen hinweg) bei Naturpark-Projekten erweist sich so als Handlungsfeld mit Herausforderungen (Weber und Weber 2014, S. 53–55). Dies zeigt sich auch bei einem anderen Beispiel, bei dem die nationalstaatliche Grenze als komplexisierende Komponente hinzukommt: Im Jahr 1998 wurde das Biosphärenreservat Pfälzerwald zusammen mit dem Naturpark Nordvogesen/Vosges du Nord als grenzüberschreitendes Biosphärenreservat Pfälzerwald-Nordvogesen mit einer Gesamtfläche von 3105 km^2 ausgewiesen (Deutsche UNESCO-Kommission 2018). Gleichzeitig sind bis heute nationale Kriterien relevant, das heißt, die rechtliche Festlegung auf deutscher Seite erfolgt durch das zuständige Landesministerium (MUEEF 2018). Eine aktive Einbindung des französischen Teils des Biosphärenreservates muss entsprechend über ergänzende Willensbekundungen sowie über gemeinsame Projekte erfolgen, wie dem EU LIFE-Projekt

Biocorridors, das Landschaftsgovernance-Relevanz entfaltet: Das Ziel besteht in der Schaffung eines Biotopverbundes als ökologisches Netzwerk. Unter anderem sollen Altholzinseln eingerichtet, Freistellungsmaßnahmen durchgeführt, neue Streuobstbäume gepflanzt werden und Wasserläufe eine Renaturierung erfahren (Biosphärenreservat Pfälzerwald-Nordvogesen 2019). Während im französischen Teil gerade zugunsten von Wasserbaumaßnahmen und landwirtschaftsorientiert agiert wird, steht auf deutscher Seite eine Wiederherstellung von Grünland im Fokus, was über Freistellungsmaßnahmen geschieht (dazu Abb. 5.1). Der Erhalt ‚historischer Kulturlandschaft' findet im Pfälzerwald Betonung, was in den Nordvogesen weniger eine Rolle spielt. Die Schaffung einer gemeinsamen Handlungsgrundlage für Landschaftsgovernance und eines gemeinsamen Verständnisses ist damit eine Aufgabe für Abstimmungen zwischen der deutschen und der französischen Geschäftsstelle im Zusammenspiel mit regionalen Akteur~innen. Eine gemeinsame Sprache, konkret wie metaphorisch, muss erst gefunden werden.

Die Komplexität einer transnationalen grenzüberschreitenden Landschaftsgovernance manifestiert sich auch relational-netzwerkbezogen, wenn um gemeinsame Perspektiven gerungen wird, wie es beim EU Interreg-Projekt LOS_DAMA! (2016–2019) der Fall ist, bei dem sich Partner~innen der alpinen Metropolen Grenoble (Frankreich), Ljubljana (Slowenien), München (Deutschland), Trient und der Region Piemont (Italien), Salzburg und Wien (Österreich, vgl. beispielhaft Abb. 5.2) sowie Zürich (Schweiz) der Weiterentwicklung ‚peri-urbaner Landschaften' zuwenden (vgl. City of Munich und Piedmont Region 2018; allg. zum Periurbanen einführend Cusin et al. 2016; Damon et al. 2016; Marchal und Stébé 2018; Weber und Kühne 2017). Die territoriale Komponente liegt zwar in der Gebietskulisse des Interreg Alpine Space, der Projektzugang ergibt sich aber über als gemeinsam geteilte, wahrgenommene Herausforderungen von Siedlungsexpansionen im Alpenraum, die die Grundlage für das Projekt bilden. Unterschiedliche kognitive, emotionale und ästhetische Zuschreibungen zum Periurbanen treffen aufeinander, aus denen entsprechend auch verschiedene Gestaltungsansprüche resultieren. Gleichzeitig zeigen sich übergreifende Leitbilder und Zielerwartungen, die allerdings konfliktbezogen mit Erwartungshaltungen anderer gesellschaftlicher Teilsysteme in Widerstreit geraten können (ausführlicher Jenal und Weber 2019).

Grenzüberschreitende Landschaftsgovernance bringt vor dem Hintergrund der Erläuterungen in besonderer Weise die Frage der Entwicklung und Ausgestaltung von Zusammenarbeit und Zielerreichungen mit sich. Es findet eine zusätzliche Komplexität im Vergleich zur bereits erläuterten Mehrebenen-Governance und Regional Governance statt. Auch hier sind Machtfragen zu berücksichtigen und vielleicht noch einmal mehr ‚Konsenserwartungen' (Ottmann 2012, S. 118) mit Vorsicht zu betrachten. Eine konfliktbezogene Analyse und Begleitung kann auch hier dazu beitragen, praktische Landschaftsgovernance im grenzüberschreitenden Kontext weiterzudenken.

5.3 Grenzüberschreitende Landschaftsgovernance

Abb. 5.1 Pflanzung von Hecken auf französischer Seite, Freistellungsmaßnahmen auf deutscher Seite. (Quelle: Aufnahmen Geschäftsstelle Biosphärenreservat Pfälzerwald-Nordvogesen 2018 und 2019)

Abb. 5.2 Stadtlandhybridität in als peri-urban aufgefassten ‚Landschaften' am Beispiel 22. Bezirk von Wien. (Quelle: Aufnahmen Corinna Jenal 2018)

5.4 Landscape Approaches: Die Relevanz unterschiedlicher Verständnisse von ‚Landschaft' und deren praxisbezogene Konsequenzen

Landschaftsgovernance ebenso wie deren Beforschung stehen in engem Verhältnis zu Grundhaltungen zu/Grundverständnissen von ‚Landschaft' beziehungsweise sind von diesen abhängig. Dieser Umstand ist bereits prinzipiell durchgehend angeklungen, wird hier nun aber noch einmal systematisiert und mit praxisbezogenen Konsequenzen verbunden.

Der Begriff ‚Landschaft' ist in vielen Sprachen fester Bestandteil der Umgangssprache geworden und wird daher vielfach wie selbstverständlich gebraucht – und zwar von Nicht-Expert~innen, Expert~innen und Wissenschaftler~innen gleichermaßen (vgl. Hokema 2013). Dabei divergieren die mit ihm verbundenen Konzepte und Vorstellungen nicht nur zwischen den unterschiedlichen Sprachen, Kulturkontexten und Generationen, sondern auch zwischen den jeweiligen gesellschaftlichen Teilbereichen (vgl. Luhmann 2017) wie Landschaftsarchitektur, Wirtschaft, Politik, Naturschutzverbände, Agrar- und Forstwirtschaft, NGOs und Individuen. Die ‚grüne Wiese' hat für Landschaftsarchitekt~innen eine andere Bedeutung als für Landwirt~innen, Immobilienmakler~innen, Unternehmer~innen, Naturschützer~innen oder für spielende Kinder – und sie *ist* für die Vertreter~innen dieser unterschiedlichen Subsysteme in einer solchen spezifischen Perspektive auch etwas Anderes. Dies hat entsprechende Implikationen und Auswirkungen, beispielsweise für die Landschaftsplanung (Bruns et al. 2015; Bruns und Kühne 2013, 2015b; Bruns und Münderlein 2017; Bruns und Paech 2015; Corner 1999; Gailing und Leibenath 2015; Hunziker 2000; Hunziker et al. 2008; Stotten 2013, 2015). Um diesem Umstand der Betrachter~innenabhängigkeit dessen, was als ‚Landschaft' gesehen und entsprechend gedeutet und bewertet wird, gerecht zu werden, betont der Europarat in der Europäischen Landschaftskonvention (ELK) die unterschiedliche Wahrnehmbarkeit des ‚Charakters' von ‚Landschaft' im Zusammenspiel vielfältiger ‚natürlicher' wie ‚anthropogener Faktoren' (Council of Europe 2000, Article 1a; vgl. auch Abschn. 2.3), wobei sich die Autor~innen – trotz der Zuwendung zu einem konstruktivistischen Landschaftsverständnis – nicht von essentialistischen und positivistischen Sichtweisen gänzlich lösen konnten (das Wort ‚Charakter' deutet auf ersteres, das Wort ‚Faktoren' auf letzteres). Die Definition von ‚Landschaft' ist so auch ein differenzloser, alles integrieren wollender Ansatz, der jeglicher Sichtweise und jeglicher normativer Vorstellung folgen kann (vgl. Kühne 2019c). Entsprechend dieser Definition kann zwar infolge des Bezugs zur Perspektivabhängigkeit von ‚Landschaft' ein partizipativer Ansatz zum Umgang mit ‚Landschaft' (wie an anderer Stelle der ELK vollzogen) abgeleitet werden, er ist aber nicht zwingend, da eben auch ‚klassische' Zugänge, die eine expert~innenhafte und entsprechend distinktiv hierarchisierende Perspektive nahelegen (Kühne 2005, 2006c, 2008b), in der Definition zu finden sind. Gleichzeitig verortet sich die Befassung mit dem Begriff ‚Landschaft' mit dem auch konstruktivistischen Verständnis bei der ELK auf einer Meta-Ebene zu

Sprachgebräuchen: „Man befasst sich dann nicht mit Landschaften, sondern mit den Reden und Theorien über sie" (Trepl 1996, S. 24). Das Ziel dieser metastufigen Perspektive ist daher nicht vorrangig, objektstufig herauszufinden, „‚was Landschaft ist', sondern unter welchen Voraussetzungen welche Phänomene als Landschaft wahrgenommen werden können" (Hokema 2013, S. 23). Nicht nur die umgangssprachlichen Begriffskonnotationen von ‚Landschaft' sind durch einen stetigen diachronen wie synchronen Wandel gekennzeichnet, auch wissenschaftliche Zugänge und deren wissenschaftstheoretische, methodologische, theoretische und begriffliche Voraussetzungen unterliegen starken Veränderungen und unterscheiden sich entsprechend. In der Landschaftsforschung lassen sich demzufolge unterschiedliche Bemühungen beobachten, die Konstitutions- und Gebrauchsbedingungen der Rede über ‚Landschaft' zu erforschen, zu differenzieren und zu klassifizieren. Beispielsweise lassen sich Landschaftsbegriffe nach Sprach- oder Reflexionsstufen ordnen, indem „essentialistisch-ontologische" von „reflexiv-konstruktivistischen Landschaftsbegriffen" (Leibenath und Gailing 2012, S. 61) unterschieden werden (Schenk 2017). Zur Orientierung und Aufklärung wissenschaftlicher Sprachgebräuche können Idealtypen gebildet werden, etwa anhand des Leitfadens von Weltanschauungen (Kühne 2008b, 2018e; Vicenzotti 2011), paradigmatischen Wissenschaftsverständnissen (Kühne 2018e; Kühne et al. 2018), der Kulturgeschichte (Kirchhoff und Trepl 2009; Trepl 2012), der Unterscheidung historischer Landschaftsverständnisse (Jackson 1984; Prominski 2004), verborgener Konstitutionsmechanismen (Leibenath und Otto 2012; Weber 2018a) oder verborgener Machtverhältnisse (Kühne 2008b, 2018e).

Mit Blick auf paradigmatische Wissenschaftsverständnisse lassen sich im Wesentlichen drei auf die Landschaftsforschung einflussreiche Wissenschaftsströmungen differenzieren: essentialistische, positivistische und konstruktivistische Perspektiven. Forschungsansätze essentialistischer wie positivistischer Prägung fassen Landschaft jeweils als „betrachterunabhängige[n] physische[n] Gegenstand" (Kühne 2018e, S. 3) auf, in essentialistischer Perspektive wird ‚Landschaft' darüber hinaus ein ihr innewohnendes, ‚eigenes Wesen' zugeschrieben, welches nicht im Erleben des Schauenden zu finden sei, sondern von verständigen Betrachter~innen im Objekt selbst nachgespürt und ergründet werden muss (Lautensach 1973). Diese Eigenheiten gelten in der Regel als Ergebnis einer jahrhundertelangen gegenseitigen Beeinflussung von Natur und regionaler Kultur (Chilla et al. 2016; Glasze und Thielmann 2006; Kirchhoff und Trepl 2009; Körner 2004). Dementsprechend war der räumliche Blick auf das Lokale bis Regionale begrenzt und leistete dadurch der Vorstellung einer „Welt als einem wohlgeordneten Mosaik von räumlich segmentierten natürlichen und gesellschaftlichen Einheiten" (Blotevogel 1996, S. 13) Vorschub. Auch wenn positivistische Perspektiven ebenso von der Beobachter-~innenunabhängigkeit von Landschaft als einem physischen Gegenstand ausgehen, weisen sie essentialistische Herangehensweisen jedoch als empirisch nicht nachweisbar und methodologisch kaum legitimierbar zurück. In positivistischer Betrachtung ist das Landschaftsverständnis stark an die Kategorie des ‚Raumes' angelehnt (Kühne 2006b),

5.4 Landscape Approaches

was sich darin ausdrückt, dass ‚Landschaft' hier mit der Vorstellung einer Art ‚real existierenden Raumcontainers' korreliert, der mit unterschiedlichen physischen Objekten oder Elementen ‚gefüllt' ist (Kühne 2018e) und welche sich relational zueinander verhalten (Gailing und Leibenath 2012). Entsprechend ließen sich die physischen Objekte gemäß ihrer Anordnung quantifizieren, klassifizieren und systematisieren (Glasze und Mattissek 2009; Meynen und Schmithüsen 1953–1962).

Konstruktivistische Perspektiven lassen sich vor diesem Hintergrund als Gegenentwurf zu den beiden skizzierten deuten (Wardenga 2002), indem sie ‚Landschaft' gemäß ihrer wissenschaftstheoretischen Grundausrichtung nicht als ‚reales Objekt' auffassen, sondern als ein beobachter~innenabhängiges soziales Konstrukt (siehe dazu Abb. 5.3).

Die bislang beschriebenen perspektivischen und begrifflichen umgangs- und wissenschaftssprachlichen Zugänge zu oder Annäherungen an ‚Landschaft' können im weitesten Sinne als *‚Landschaftsansätze' (‚Landscape Approaches'),* d. h. als verschiedene Verständnisse, Grundannahmen, Theorien oder Konzepte verstanden und behandelt werden. Entscheidend ist, dass solche Verständnisse bewusst oder unbewusst die Wahrnehmung, Auffassung und Bewertung von ‚Landschaft' in Theorie und ebenso in der *Praxis* leiten (Berr 2014; Hokema 2013; Jenal und Weber 2019; Kühne 2018b, d; Kühne et al. 2018). Neben dem wissenschaftlichen Interesse an Wissensgenerierung

	Essentialismus	**Positivismus**	**Konstruktivismus**
Wortherkunft	lat. *essentia* (Wesen)	lat. *positivus* (gesetzt, gegeben)	lat. *construere* (zusammensetzen, zusammenfügen, aufschichten)
Landschaftsverständnis	‚Landschaft' als eine ‚Ganzheit' im Sinne eines ‚selbstständigen Eigenwesens' → *von den Beobachter~innen unabhängig*	‚Landschaft' als Gegenstand, der durch das Zählen, Messen und Wiegen von Einzelphänomenen empirisch erschlossen und generalisiert werden kann → *von den Beobachter~innen unabhängig*	‚Landschaft' nicht als physischer Gegenstand, sondern als eine soziale beziehungsweise individuelle Konstruktion → *von den Beobachter~innen abhängig*
Fokus	Ergründung wesentlicher Eigenschaften (‚Wesenskern') von ‚Landschaft' im Objekt selbst	objektive Beschreibung von ‚Landschaft' mittels empirischer Methoden	‚Landschaft' als Ergebnis sozialer Aushandlungsprozesse
Ziele	normative Aussagen über ‚Landschaft' treffen	möglichst genaues Abbild von ‚Landschaft' rekonstruieren	Prozesse der Konstruktion von ‚Landschaft' erforschen

Abb. 5.3 Überblick über verschiedene Grundperspektiven zu ‚Landschaft'. (Quelle: Kühne et al. 2018, S. 30)

um ihrer selbst willen ist ein Wissen um solche Landschaftsansätze in ihrer Vielfalt und unterschiedlichen Wirksamkeit auf das Denken und Handeln von Akteur~innen in ‚Landschaftstheorie und Landschaftspraxis' (Kühne 2018e) auch *praxisrelevant*. Diese Praxisrelevanz zeigt sich mit Blick auf die Landschaftsforschung etwa in der Hoffnung und in dem Appell, die (re)konstruierte Vielfalt unterschiedlicher Landschaftsbegriffe, -konzepte und -theorien könne und solle zum wissenschaftlich fruchtbaren „Widerspruch" und zur „produktive[n] Reibung" (Leibenath und Gailing 2012, S. 59) von Landschaftsforscher~innen untereinander anregen. Mit Blick auf die Praxis von Planer~innen und Entwerfer~innen wird eine „Steigerung der konzeptionellen Sicherheit der Entwerfer und Planer" (Vicenzotti 2012, S. 272) erhofft und in Aussicht gestellt. Diese offenkundig normativen Aussagen in Gestalt von Appellen und Aufforderungen lassen sich auf der Meta-Ebene reflexiver (Re)Konstruktionen rechtfertigen, etwa um – wie beschrieben – Hinweise zu geben, wie Aushandlungsprozesse und konkreter Planungsprozesse „gestaltet sein sollten, um ein maximales Maß an Chancen- und Verfahrensgerechtigkeit sicherzustellen" (Kühne et al. 2018, S. 30).

Diese mögliche normative Wirkung metastufiger Reflexionen alltagsweltlicher und wissenschaftlicher Sprachgebräuche zeigt sich gegenwärtig auch in der Landschaftspraxis – insbesondere im Zusammenhang der Praxis der Landschaftsgovernance. Diese Entwicklung ist nach den bisherigen Ausführungen nicht unerwartet, zeitigt aber einen spezifischen Effekt. Dieser besteht darin, dass unter Landschaftsansätzen/Landscape Approaches nicht die beschriebene umfassendere Bedeutung einer Sprachgebrauchs- und Deutungsreflexion, sondern die *engere* Bedeutung einer Landschaftsgovernance-*Strategie* verstanden wird.

Exemplarisch für diese Diskussion stehen mehrere Aufsätze (Arts et al. 2017; Reed et al. 2014, 2016; Sayer et al. 2013), auf die sich neuere Diskussionen häufig beziehen. Reed et al. (2016, S. 2551) betrachten einen Landscape Approach als integrierte Strategie, die es unterschiedlichen Stakeholder~innen ermöglichen soll, auf mehreren Ebenen Lösungen zu erreichen: „A landscape approach is a multifaceted integrated strategy that aims to bring together multiple stakeholders from multiple sectors to provide solutions at multiple scales." Dies entspricht offenkundig dem Ansatz einer kollaborativen Landschaftsgovernance (Abschn. 5.1), um hierüber ‚bestmögliche Ergebnisse' zu erreichen. Zugleich ist damit der Anspruch verbunden, die an die Ausdifferenzierung sozialer Subsysteme gebundene Ausdifferenzierung unterschiedlicher Managementstrategien zu überwinden und über traditionelle Managementgrenzen hinauszugehen: „In short, landscape approaches seek to address the increasingly complex and widespread environmental, social and political challenges that transcend traditional management boundaries" (Reed et al. 2014, S. 2) – durchaus damit als Hinweis auf die Bedeutung einer grenzüberschreitenden Landschaftsgovernance zu werten (Abschn. 5.3). Dagegen zielen Sayer et al. (2013, S. 8349) eher auf den seit Jahrzehnten heftig diskutierten Konflikt zwischen ökonomischen und ökologischen Zielen und deren mögliche pragmatische Integration ab: „,Landscape approaches' seek to provide tools and concepts for allocating and managing land to achieve social, economic, and environmental objectives in

5.4 Landscape Approaches

areas where agriculture, mining, and other productive land uses compete with environmental and biodiversity goals." Der Ansatz von Arts et al. (2017, S. 440) kann als Hinweis auf das viele Landscape Approaches Verbindende verstanden werden: „Landscape approaches that embrace an integrated land-sharing philosophy have been increasingly promoted in science and in practice as an alternative to conventional, sectorial land-use planning, policy, governance, and management". Statt sektorial soll gemeinschaftlich agiert werden.

Den Definitionen ist demnach gemeinsam, dass sie als Alternative zur konventionellen, üblicherweise sektoral organisierten Raumordnung und -bewirtschaftung und als integrative Strategien beschrieben und verstanden werden, die darauf abzielen, unterschiedliche Interessengruppen über räumliche, administrative, planerische, ökonomische, politische und kulturelle Grenzen hinweg zu gemeinsam organisierten und verantworteten Lösungen zu befähigen.

Arts et al. (2017) geben einen State of the Art Review, indem sie die Geschichte der Landscape Approaches und ihre ökologischen, ökonomischen, sozio-kulturellen und politischen Dimensionen rekonstruieren. Sie lehnen sich damit an die Nachhaltigkeitsdiskussion (vgl. z. B. Grober 2013; Grunwald und Kopfmüller 2012; Heinrichs und Michelsen 2014; Sächsische Hans-Carl-von-Carlowitz-Gesellschaft 2013) an, die ebenfalls als entscheidende Dimensionen die ökologische, ökonomische und soziale herausstellt, darüber hinaus neuerdings aber auch politische und kulturelle Dimensionen einbeziehen will und vor der Frage steht, wie diese Dimensionen integriert werden können (Grunwald und Kopfmüller 2012, S. 54–65). Arts et al. skizzieren zwei Anwendungsbeispiele solcher Landscape Approaches: ein ‚Landscape Governance Framework' (2017, S. 452–453) und ein ‚Landscape Capability Framework' (2017, S. 453–455).

Der erste Framework geht auf Buizer et al. (2015) zurück, baut auf Görg (2007) auf und verknüpft die drei Dimensionen Diskurse, institutionelle Praktiken und natürlich-räumliche Bedingungen. Dieser Ansatz kam bei einer niederländischen Initiative namens ‚Farming for Nature' zum Einsatz, die versuchte, Agrar- und Naturziele in praxi zu integrieren. Das ‚Experiment' trug einerseits dazu bei, ein vertieftes Verständnis davon zu erreichen, wie sich Politik und Wechselwirkungen zwischen heterogenen Akteur~innen auf unterschiedlichen Regierungsebenen auswirkten, um ‚die lokale Landschaft' zu verändern. Andererseits übernahm die Initiative allmählich die gängige Sprache und Praxis der niederländischen und der EU-Politik, um ihr Ziel zu erreichen, landwirtschaftliche Entwicklung, marktwirtschaftlichen Diskurs und die Idee der Machbarkeit der Natur praktisch zu integrieren. Allerdings setzte sich der ‚Mainstream-Diskurs' gegen die alternativen Ideen der Initiative durch und der marktkritische Ansatz ging ‚sang- und klanglos' unter.

Mit dem ‚Landscape Capability Framework' resümieren Arts et al. den Ansatz von Sayer et al. (2013), die zehn Prinzipien für einen Landschaftsansatz im Hinblick auf eine Verbindung aus Agrarproduktion und Bewahrung von Natur vorgestellt haben. Diese Prinzipien fordern im Ausgang von dynamischen Landschaftsprozessen:

1. ein kontinuierliches Lernen und ein adaptives Management,
2. einen von einem gemeinsamen Anliegen ausgehenden Startpunkt für Interventionsstrategien, der auf Vertrauen und geteilten Werten beruht,
3. die Berücksichtigung mehrskaliger Einflüsse,
4. die Berücksichtigung der Multifunktionalität von Landschaften,
5. die Anerkennung unterschiedlicher Stakeholder~innen und Interessenvertreter~innen,
6. die Etablierung einer transparenten, einvernehmlich und auf Vertrauensbasis anerkannten Änderungslogik der Stakeholder~innen,
7. die vorherige Klärung von Rechten und Pflichten der Akteur~innen für den Fall möglicher Konflikte,
8. ein benutzerfreundliches und partizipativ verfasstes Bewertungsverfahren möglicher Fortschritte,
9. die Stärkung der System-Belastbarkeit durch Vorsorge gegen Bedrohungen und Schwachstellen und
10. die Stärkung der Stakeholder~innenfähigkeiten.

Alle zehn Punkte sind mehr oder weniger zustimmungsfähig und für Praktiker~innen, die in Governanceprozesse eingebunden sind und vor Ort Entscheidungen treffen müssen, unmittelbar einleuchtend. Im angerissenen EU Interreg-Projekt LOS_DAMA! (2016–2019) (vgl. Abschn. 5.3) wird beispielsweise auf diese zurückgegriffen, um Handlungsorientierung und Handlungsbewertungskriterien für Planer~innen bereitzustellen. Freilich handelt es sich bei diesen Landscape Approaches nicht um *den* Landschaftsansatz oder *die* Landschaftsansätze, sondern um spezifische Vorschläge für Landschaftsgovernance und können daher den entsprechenden Forschungen und Diskussionen zugeschlagen werden. Das betrifft auch das konflikttheoretische Defizit von (Landschafts)Governance, das auch bei diesen Landscape Approaches festzustellen ist. Aus unserer Perspektive heraus bedarf es entsprechend bei der Ausgestaltung ebenso wie bei der Begleitung von Landschaftsgovernance konfliktorientierter Inputs beziehungsweise einer konfliktorientierten Begleitung, um heutigen gesellschaftlichen Pluralisierungen Rechnung tragen zu können. Konsense treten im Zuge der Postmoderne eher in weite Ferne, wie sich in vielen angerissenen Kontexten zeigt, was eine Sensibilisierung für Konfliktregelungsmöglichkeiten sinnvoll erscheinen lässt.

Fazit: Governance – Landschaftsgovernance – Reflexionsbedarfe

6

Welche Schlussfolgerungen lassen sich abschließend nun aus den bisherigen Ausführungen ableiten? Im Bestreben, eine Einführung in ‚Praxis Landschaftsgovernance' zu geben, wurde in diesem Überblick zunächst beleuchtet, wie sich ‚Landschaft' bestimmen lässt, welche historischen Umbrüche in der Begrifflichkeit nachgezeichnet werden können und wie ‚Landschaft' und ‚Gesellschaft' interferieren (Kap. 2), gefolgt von einem Überblick über die Entwicklung von Steuerungsformen und entsprechender Reflexion und Systematisierung (Kap. 3). Danach wurde eine Zusammenschau zu Landschaftsgovernance vorgenommen (Kap. 4), um auf dieser Basis Landschaftsansätze und konkrete Steuerungsformen zu unterscheiden (Kap. 5).

Grundlegend zeigt sich, dass die anfängliche Euphorie, die mit ‚Governance' verbunden war, inzwischen eine gewisse Differenzierung erfahren hat. ‚Governance' erwies sich als teils moralisch überhöht und normativ ausgerichtet (vgl. Gailing 2018), als keineswegs neu, sondern als Neuauflage eines liberalen Korporatismus beziehungsweise ‚Neokorporatismus' (Alemann 1981; Schmitter 1981; Streeck 1999), und die Unübersichtlichkeit vielfältiger neuer Akteur~innen in unklarer Verantwortungszuschreibung führt zu einer immensen Komplexitätssteigerung und damit erhöhten Unsicherheiten von Planungsprozessen. Dies betrifft auch Landschaftsgovernance als Steuerung von mit ‚Landschaft' assoziierten Themen- und Handlungsfeldern in der Vielfalt ihrer Formen, ob mit Blick auf kollaborative Ausprägungen oder hinsichtlich der Partizipation unterschiedlicher Akteur~innen.

Da ‚Landschaftsgovernance' einerseits den in diesem Buch erwähnten ‚semantischen Hof' von ‚Landschaft' um eine politische Handlungskomponente erweitert, andererseits das Forschungsfeld um ‚Landschaft' in den vergangenen Jahren an inhaltlicher wie begrifflicher Komplexität zugenommen hat, erscheint eine begriffliche Differenzierung der abstrahierenden Zugriffe auf ‚Landschaft' notwendig: Während Landschaftstheorie aus unserer Perspektive ein Ergebnis von oder eine Anleitung zu einer systematisierten

Reflexion über ‚Landschaft', ihre Zusammensetzung, gesellschaftliche Funktionen, die Ebenen ihrer Konstitution etc. ist, lassen sich Landscape Appoaches als Anleitungen zum *Umgang mit* ‚Landschaft' verstehen, in diesem Zusammenhang insbesondere solchen, die sich mit der Integration von zivilgesellschaftlichen Akteur~innen befassen. Diese Approaches erweisen sich als erfahrungsinduzierte Regeln für die Verbesserung von Landschaftsgovernance im Rahmen üblicher Governanceverständnisse und unterliegen damit Herausforderungen.

Zu plädieren ist für eine Ergänzung der Landschaftsgovernance um konflikttheoretische und konfliktregulierende Überlegungen, wie sie etwa von Ralf Dahrendorf oder Chantal Mouffe vorgetragen wurden. Die entscheidende *demokratie*theoretische Herausforderung besteht darin, Governanceprozesse so steuern zu können, dass Sprecher~innen mit divergierenden Belangen klar identifizierbar sind, organisatorischen Rückhalt aufweisen, demokratisch legitimiert sind, ihnen Verantwortung zugeschrieben werden kann und sie sich tatsächlich als demokratisch gleichberechtigte und gleichwertige Konfliktkontrahent~innen ‚auf Augenhöhe' (Weith und Danielzyk 2016) begegnen können. Erst dann scheint es aussichtsvoll, Governanceprozesse, die sich einer Konfliktregelung verschließen, einer Regelung zuführen zu können.

Landschaftsgovernance weist in der Gesamtschau eine große Bandbreite auf, die stark von Grundhaltungen und normativen Zielsetzungen beeinflusst ist. Sie sollte – meta-stufig – entsprechend einer theoretischen Reflexion unterworfen werden, damit sie nicht beliebig wird oder unhinterfragt stereotypen Vorstellungen von ‚Landschaft' und Gesellschaft folgt und sich ihrer gesellschaftlichen Funktion bewusst wird. Hierzu will dieser Band einen Beitrag leisten und den mit Landschaftsgovernance Befassten Anregungen bieten.

Literatur

Ach, J. S., Bayertz, K., & Siep, L. (Hrsg.). (2008). *Grundkurs Ethik*. Paderborn: Mentis.
Alemann, U. v. (Hrsg.). (1981). *Neokorporatismus*. Frankfurt a. M.: Campus.
Apel, K.-O. (1973). *Transformation der Philosophie. Band 2. Das Apriori der Kommunikationsgemeinschaft*. Frankfurt a. M.: Suhrkamp.
Apolinarski, I., Gailing, L., & Röhring, A. (2006). Kulturlandschaft als regionales Gemeinschaftsgut. Vom Kulturlandschaftsdilemma zum Kulturlandschaftsmanagement. In U. Matthiesen, R. Danielzyk, S. Heiland, & S. Tzschaschel (Hrsg.), *Kulturlandschaften als Herausforderung für die Raumplanung. Verständnisse – Erfahrungen – Perspektiven* (Forschungs- und Sitzungsberichte, Bd. 228, S. 81–98). Hannover: Selbstverlag.
Aristoteles. (2009). *Politik. Neuausgabe*. Reinbek bei Hamburg: Rowohlt. (Nach der Übersetzung von Franz Susemihl mit Einleitung, Bibliographie und zusätzlichen Anmerkungen von Wolfgang Kullmann).
Arts, B., Buizer, M., Horlings, L., Ingram, V., van Oosten, C., & Opdam, P. (2017). Landscape approaches: A state-of-the-art review. *Annual Review of Environment and Resources, 42*(1), 439–463.
Aschenbrand, E. (2017). *Die Landschaft des Tourismus. Wie Landschaft von Reiseveranstaltern inszeniert und von Touristen konsumiert wird*. Wiesbaden: Springer VS.
Aschenbrand, E., Kühne, O., & Weber, F. (2017). Steinharter Widerstand? Bürgerinitiativen und die Akzeptanz der Rohstoffgewinnung. *GesteinsPerspektiven, 2*(2017), 8–12. http://webkiosk.stein-verlaggmbh.de/gp-02-17/57998424. Zugegriffen: 27. Apr. 2019.
Baier, K. (1974). *Der Standpunkt der Moral. Eine rationale Grundlegung der Ethik*. Düsseldorf: Patmos.
Beck, U. (1986). *Risikogesellschaft. Auf dem Weg in eine andere Moderne* (Edition Suhrkamp, Bd. 1365). Frankfurt a. M.: Suhrkamp.
Beck, U. (2007). *Weltrisikogesellschaft. Auf der Suche nach der verlorenen Sicherheit*. Frankfurt a. M.: Suhrkamp.
Beck, U., Giddens, A., & Lash, S. (1996). *Reflexive Modernisierung. Eine Kontroverse*. Frankfurt a. M.: Suhrkamp.
Becker, S., & Naumann, M. (2018). Energiekonflikte erkennen und nutzen. In O. Kühne & F. Weber (Hrsg.), *Bausteine der Energiewende* (S. 509–522). Wiesbaden: Springer VS.
Benz, A. (2004). Einleitung: Governance – Modebegriff oder nützliches sozialwissenschaftliches Konzept? In A. Benz (Hrsg.), *Governance – Regieren in komplexen Regelsystemen. Eine Einführung* (S. 11–28). Wiesbaden: VS Verlag.

Benz, A., & Dose, N. (2010). Governance – Modebegriff oder nützliches sozialwissenschaftliches Konzept? In A. Benz & N. Dose (Hrsg.), *Governance – Regieren in komplexen Regelsystemen. Eine Einführung* (S. 13–36). Wiesbaden: VS Verlag.

Berger, P. L., & Luckmann, T. (1966). *The social construction of reality. A treatise in the sociology of knowledge.* New York: Anchor books.

Berger, P. L., & Luckmann, T. (2016). *Die gesellschaftliche Konstruktion der Wirklichkeit. Eine Theorie der Wissenssoziologie* (26. Aufl.). Frankfurt a. M.: Fischer Taschenbuch. (engl. Original 1966).

Berr, K. (2014). Zum ethischen Gehalt des Gebauten und Gestalteten. *Ausdruck und Gebrauch, 12,* 30–56.

Berr, K. (Hrsg.). (2017). *Architektur- und Planungsethik. Zugänge, Perspektiven, Standpunkte.* Wiesbaden: Springer VS.

Berr, K. (2018a). Ethische Aspekte der Energiewende. In O. Kühne & F. Weber (Hrsg.), *Bausteine der Energiewende* (S. 57–74). Wiesbaden: Springer VS.

Berr, K. (2018b). Zur architektonischen Differenz von Herstellung und Gebrauch. In S. Ammon, C. Baumberger, C. Neubert, & C. A. Petrow (Hrsg.), *Architektur im Gebrauch. Gebaute Umwelt als Lebenswelt* (Forum Architekturwissenschaft, Bd. 2, S. 48–71). Berlin: Universitätsverlag Technische Universität Berlin.

Berr, K. (2019a). Heimat und Landschaft im Streit der Weltanschauungen. In M. Hülz, O. Kühne, & F. Weber (Hrsg.), *Heimat. Ein vielfältiges Konstrukt* (S. 27–51). Wiesbaden: Springer VS.

Berr, K. (2019b). Konflikt und Ethik. In K. Berr & C. Jenal (Hrsg.), *Landschaftskonflikte* (S. 109–129). Wiesbaden: Springer VS.

Berr, K., & Jenal, C. (Hrsg.). (2019a). *Landschaftskonflikte.* Wiesbaden: Springer VS.

Berr, K., & Jenal, C. (2019b). Landschaftskonflikte: Einführung, Übersicht und Ausblick. In K. Berr & C. Jenal (Hrsg.), *Landschaftskonflikte* (S. 1–19). Wiesbaden: Springer VS.

Berr, K., & Kühne, O. (2019a). Moral und Ethik von Landschaft. In O. Kühne, F. Weber, K. Berr, & C. Jenal (Hrsg.), *Handbuch Landschaft* (S. 351–365). Wiesbaden: Springer VS.

Berr, K., & Kühne, O. (2019b). Werte und Werthaltungen in Landschaftskonflikten. In K. Berr & C. Jenal (Hrsg.), *Landschaftskonflikte* (S. 65–88). Wiesbaden: Springer VS.

Berr, K., & Schenk, W. (2019). Begriffsgeschichte. In O. Kühne, F. Weber, K. Berr, & C. Jenal (Hrsg.), *Handbuch Landschaft* (S. 23–38). Wiesbaden: Springer VS.

Berr, K., Jenal, C., & Kindler, H. (2019). Landschaftskonflikte. In O. Kühne, F. Weber, K. Berr, & C. Jenal (Hrsg.), *Handbuch Landschaft* (S. 367–382). Wiesbaden: Springer VS.

Biosphärenreservat Pfälzerwald-Nordvogesen. (2019). LIFE Biocorridors. Grenzübergreifender Biotopverbund. http://www.pfaelzerwald.de/projekte/life-biocorridors/. Zugegriffen: 18. Febr. 2019.

Blatter, J. (2005). Metropolitan governance in Deutschland: Normative, utilitaristische, kommunikative und dramaturgische Steuerungsansätze. *Swiss Political Science Review, 11*(1), 119–155.

Blotevogel, H. H. (1996). Aufgaben und Probleme der Regionalen Geographie heute. Überlegungen zur Theorie der Landes- und Länderkunde anläßlich des Gründungskonzepts des Instituts für Länderkunde, Leipzig. *Berichte zur deutschen Landeskunde, 70*(1), 11–40.

Blum, P., Kühne, O., & Kühnau, C. (2014). Energiewende braucht Bürgerpartizipation Beteiligungsformen vor dem Hintergrund gesellschaftlicher Rahmenbedingungen. *Natur und Landschaft, 89*(6), 243–249.

Boesen, E., & Schnuer, G. (Hrsg.). (2017). *European Borderlands. Living with barriers and bridges.* Abingdon: Routledge.

Bollnow, O. F. (1994). *Mensch und Raum* (7. Aufl.). Stuttgart: Kohlhammer.

Bolton, J. R. (2000). Should we take global governance seriously? *Chicago Journal of International Law, 1*(2), 205–222.

Börzel, T. A. (1999). Organizing babylon – On the different conceptions of policy networks. *Public Administration, 76*(2), 253–273.

Brand, U., Brunnengräber, A., Schrader, L., Stock, C., & Wahl, P. (2000). *Global Governance. Alternative zur neoliberalen Globalisierung?* Münster: Westfälisches Dampfboot.

Brettschneider, F. (2015). „Stuttgart 21" und die Lehren für die Kommunikation bei Infrastruktur- und Bauprojekten. In G. Bentele, R. Bohse, U. Hitschfeld, & F. Krebber (Hrsg.), *Akzeptanz in der Medien- und Protestgesellschaft. Zur Debatte um Legitimation, öffentliches Vertrauen, Transparenz und Partizipation* (S. 281–299). Wiesbaden: Springer VS.

Brettschneider, F., & Schuster, W. (Hrsg.). (2013). *Stuttgart 21. Ein Großprojekt zwischen Protest und Akzeptanz*. Wiesbaden: Springer VS.

Bröchler, S., & Blumenthal, J. v. (2006). Von Government zu Governance – Analysen zu einem schwierigen Verhältnis. In J. v. Blumenthal & S. Bröchler (Hrsg.), *Von Government zu Governance. Analysen zum Regieren im modernen Staat* (S. 7–21). Münster: LIT Verlag.

Bruns, D. (2010). Die Europäische Landschaftskonvention eine Aufforderung zu mehr LandschaftsGovernance. *Garten + Landschaft, 120*(2), 33–35.

Bruns, D. (2013). Landschaft – Ein internationaler Begriff? In D. Bruns & O. Kühne (Hrsg.), *Landschaften: Theorie, Praxis und internationale Bezüge* (S. 153–168). Schwerin: Oceano Verlag.

Bruns, D. (2016). Kulturell diverse Raumaneignung. In F. Weber & O. Kühne (Hrsg.), *Fraktale Metropolen. Stadtentwicklung zwischen Devianz, Polarisierung und Hybridisierung* (S. 231–240). Wiesbaden: Springer VS.

Bruns, D., & Kühne, O. (Hrsg.). (2013). *Landschaften: Theorie, Praxis und internationale Bezüge*. Schwerin: Oceano Verlag.

Bruns, D., & Kühne, O. (2015a). Gesellschaftliche Transformation und die Entwicklung von Landschaft – eine Betrachtung aus der Perspektive der sozialkonstruktivistischen Landschaftstheorie. In O. Kühne, K. Gawroński, & J. Hernik (Hrsg.), *Transformation und Landschaft. Die Folgen sozialer Wandlungsprozesse auf Landschaft* (S. 9–13). Wiesbaden: Springer VS.

Bruns, D., & Kühne, O. (2015b). Zur kulturell differenzierten Konstruktion von Räumen und Landschaften als Herausforderungen für die räumliche Planung im Kontext von Globalisierung. In B. Nienaber & U. Roos (Hrsg.), *Internationalisierung der Gesellschaft und die Auswirkungen auf die Raumentwicklung. Beispiele aus Hessen, Rheinland-Pfalz und dem Saarland* (Arbeitsberichte der ARL, Bd. 13, S. 18–29). Hannover: Selbstverlag. https://shop.arl-net.de/media/direct/pdf/ab/ab_013/ab_013_02.pdf. Zugegriffen: 26. Nov. 2018.

Bruns, D., & Münderlein, D. (2017). Kulturell diverse Landschaftswertschätzung und Visuelle Kommunikation. In O. Kühne, H. Megerle, & F. Weber (Hrsg.), *Landschaftsästhetik und Landschaftswandel* (S. 303–318). Wiesbaden: Springer VS.

Bruns, D., & Münderlein, D. (2019). Interkulturelle Konstruktion. In O. Kühne, F. Weber, K. Berr, & C. Jenal (Hrsg.), *Handbuch Landschaft* (S. 313–319). Wiesbaden: Springer VS.

Bruns, D. & Paech, F. (2015). „Interkulturell_real" in der räumlichen Entwicklung. Beispiele studentischer Arbeiten zur Wertschätzung städtischer Freiräume in Kassel. In B. Nienaber & U. Roos (Hrsg.), *Internationalisierung der Gesellschaft und die Auswirkungen auf die Raumentwicklung. Beispiele aus Hessen, Rheinland-Pfalz und dem Saarland* (Arbeitsberichte der ARL, Bd. 13, S. 54–71). Hannover: Selbstverlag. https://shop.arl-net.de/media/direct/pdf/ab/ab_013/ab_013_05.pdf. Zugegriffen: 26. Nov. 2018.

Bruns, D., Kühne, O., Schönwald, A., & Theile, S. (Hrsg.). (2015). *Landscape Culture – Culturing Landscapes. The Differentiated Construction of Landscapes*. Wiesbaden: Springer VS.

Buergi, E. (Council of Europe, Hrsg.). (2002). Editorial. The European Landscape Convention. Naturopa. 98. http://old.unibuc.ro/prof/patru-stupariu_i_g/docs/res/2012decThe_european_landscape_Convention.pdf. Zugegriffen: 13. Juni 2018.

Buijs, A. E., Elands, B. H. M., & Langers, F. (2009). No wilderness for immigrants: Cultural differences in images of nature and landscape preferences. *Landscape and Urban Planning, 91*(3), 113–123. https://doi.org/10.1016/j.landurbplan.2008.12.003.

Buizer, M., Arts, B., & Westerink, J. (2015). Landscape governance as policy integration ‚from below': A case of displaced and contained political conflict in the Netherlands. *Environment and Planning C: Government and Policy, 34*(3), 448–462.

Burckhardt, J. (1976). *Die Kultur der Renaissance in Italien. Ein Versuch*. Stuttgart: Kröner (Erstveröffentlichung 1859).

Burckhardt, L. (2004). *Wer plant die Planung? Architektur, Politik und Mensch*. Berlin: Martin Schmitz Verlag.

Burckhardt, L. (2006a). Spaziergangswissenschaft (1995). In M. Ritter & M. Schmitz (Hrsg.), *Warum ist Landschaft schön? Die Spaziergangswissenschaft* (S. 257–300). Kassel: Martin Schmitz Verlag.

Burckhardt, L. (2006b). *Warum ist Landschaft schön? Die Spaziergangswissenschaft*. Kassel: Martin Schmitz Verlag.

Buttlar, A. (1989). *Der Landschaftsgarten. Gartenkunst des Klassizismus und der Romantik*. Köln: DuMont.

Caesar, B., & Pallagst, K. (2018). Entwicklungspfade der grenzüberschreitenden Zusammenarbeit und Status quo. In K. Pallagst, A. Hartz, & B. Caesar (Hrsg.), *Border Futures – Zukunft Grenze – Avenir Frontière. Zukunftsfähigkeit grenzüberschreitender Zusammenarbeit* (Arbeitsberichte der ARL, Bd. 20, S. 12–27). Hannover: Selbstverlag.

Chilla, T. (2005). ‚Stadt-Naturen' in der Diskursanalyse. Konzeptionelle Hintergründe und empirische Möglichkeiten. *Geographische Zeitschrift, 93*(3), 183–196.

Chilla, T., Kühne, O., & Neufeld, M. (2016). *Regionalentwicklung*. Stuttgart: Ulmer.

City of Munich & Piedmont Region. (2018). *LOS_DAMA! Enhancing peri-urban landscapes for betterliving in Alpine metropolitan areas*. München: City of Munich & Piedmont Region.

Commission on Global Governance. (1995). *Our global neighbourhood. The report of the Commission on Global Governance*. Oxford: Oxford University Press.

Corner, J. (1999). Introduction. Recovering Landscape as a Critical Cultural Practice. In J. Corner & A. Balfour (Hrsg.), *Recovering Landscape: Essays in Contemporary Landscape Theory* (S. 1–29). New York: Princeton Architectural Press.

Cosgrove, D. E. (1984). *Social Formation and Symbolic Landscape*. London: University of Wisconsin Press.

Council of Europe. (2000). European Landscape Convention. European Treaty Series: 176. Zugegriffen: 17. Jan. 2017.

Curtius, E. R. (1954). *Europäische Literatur und lateinisches Mittelalter* (Zweite, durchgesehene Auflage). Bern: Francke (Erstveröffentlichung 1948).

Cusin, F., Lefebvre, H., & Sigaud, T. (2016). La question périurbaine. Enquête sur la croissance et la diversité des espaces périphériques. *Revue française de sociologie, 57*(4), 641–679. https://doi.org/10.3917/rfs.574.0641.

Dahrendorf, R. (1961). *Gesellschaft und Freiheit. Zur soziologischen Analyse der Gegenwart*. München: Piper.

Dahrendorf, R. (1965). *Gesellschaft und Demokratie in Deutschland*. München: Piper.

Dahrendorf, R. (1969a). Sozialer Konflikt. In W. Bernsdorf (Hrsg.), *Wörterbuch der Soziologie* (S. 1006–1009). Stuttgart: Enke.

Dahrendorf, R. (1969b). Zu einer Theorie des sozialen Konflikts. In W. Zapf (Hrsg.), *Theorien des sozialen Wandels* (S. 108–123). Köln: Kiepenheuer & Witsch (Erstveröffentlichung 1958).

Dahrendorf, R. (1971). *Homo sociologicus. Ein Versuch zur Geschichte, Bedeutung und Kritik der Kategorie der sozialen Rolle*. Opladen: Westdeutscher Verlag (Erstveröffentlichung 1958).

Dahrendorf, R. (1972). *Konflikt und Freiheit. Auf dem Weg zur Dienstklassengesellschaft*. München: Piper.
Dahrendorf, R. (1979). *Lebenschancen. Anläufe zur sozialen und politischen Theorie* (Suhrkamp-Taschenbuch, Bd. 559). Frankfurt a. M.: Suhrkamp.
Dahrendorf, R. (1992). *Der moderne soziale Konflikt. Essay zur Politik der Freiheit*. Stuttgart: Deutsche Verlags-Anstalt.
Dahrendorf, R. (2004). *Der Wiederbeginn der Geschichte. Vom Fall der Mauer zum Krieg im Irak*. München: Beck.
Dahrendorf, R. (2007). *Auf der Suche nach einer neuen Ordnung. Vorlesungen zur Politik der Freiheit im 21. Jahrhundert*. München: Beck.
Damm, G.-R. (2018). Herausforderungen der grenzüberschreitenden Zusammenarbeit in der Großregion – Interviews mit Handlungsträgern. In K. Pallagst, A. Hartz, & B. Caesar (Hrsg.), *Border Futures – Zukunft Grenze – Avenir Frontière. Zukunftsfähigkeit grenzüberschreitender Zusammenarbeit* (Arbeitsberichte der ARL, Bd. 20, S. 56–69). Hannover: Selbstverlag.
Damon, J., Marchal, H., & Stébé, J.-M. (2016). Les sociologues et le périurbain : découverte tardive, caractérisations mouvantes, controverses nourries. *Revue française de sociologie, 57*(4), 619–939. https://doi.org/10.3917/rfs.574.0619.
Deppisch, S. (2012). Governance Processes in Euregios. Evidence from Six Cases across the Austrian-German Border. *Planning Practice and Research, 27*(3), 315–332.
Deutsche UNESCO-Kommission. (2018). UNESCO-Biosphärenreservat Pfälzerwald und Nordvogesen. Wälder, Weinbau und deutsch-französische Freundschaft. https://www.unesco.de/kultur-und-natur/biosphaerenreservate/biosphaerenreservate-deutschland/unesco-biosphaerenreservat-5. Zugegriffen: 18. Febr. 2019.
Diller, C. (2005). *Regional Governance by and with Government: Die Rolle staatlicher Rahmensetzungen und Akteure in drei Prozessen der Regionsbildung*. Berlin: Habilitationsschrift.
Doll, M., & Gelberg, J. M. (2014). Theoretische und methodische Annäherungen an Grenzen, Räume und Identitäten. Einsetzung, Überschreitung und Ausdehnung von Grenzen. In C. Wille, R. Reckinger, S. Kmec, & M. Hesse (Hrsg.), *Räume und Identitäten in Grenzregionen. Politiken – Medien – Subjekte* (S. 15–23). Bielefeld: transcript.
Drexler, D. (2009). Kulturelle Differenzen der Landschaftswahrnehmung in England, Frankreich, Deutschland und Ungarn. In T. Kirchhoff & L. Trepl (Hrsg.), *Vieldeutige Natur Landschaft, Wildnis und Ökosystem als kulturgeschichtliche Phänomene* (S. 119–136). Bielefeld: transcript.
DUH. (2013). Plan N 2.0 – Politikempfehlungen zum Um- und Ausbau der Stromnetze für die Energiewende. http://www.duh.de/fileadmin/media/duhdownloads/PLAN_N_2-0_Gesamtansicht.pdf. Zugegriffen: 21. Aug. 2017.
Durkheim, É. (1961). *Die Regeln der soziologischen Methode*. Neuwied: Luchterhand (Erstveröffentlichung 1895).
Eisel, U. (1982). Die schöne Landschaft als kritische Utopie oder als konservatives Relikt. Über die Kristallisation gegnerischer politischer Philosophien im Symbol „Landschaft". *Soziale Welt, 33*(2), 157–168.
Eisel, U., & Körner, S. (Hrsg.). (2009). *Befreite Landschaft. Moderne Landschaftsarchitektur ohne arkadischen Ballast?* (Beiträge zur Kulturgeschichte der Natur, Bd. 18). Freising: Technische Universität München.
Ekardt, F. (2005). *Das Prinzip Nachhaltigkeit. Generationengerechtigkeit und globale Gerechtigkeit*. München: Beck.
Ellmers, S., & Herrmann, S. (2017). Die Korporation und ihre wirtschaftliche, soziale und politische Funktion nach Hegel. In S. Ellmers & S. Herrmann (Hrsg.), *Korporation und Sittlichkeit. Zur Aktualität von Hegels Theorie der bürgerlichen Gesellschaft* (S. 7–25). Paderborn: Wilhelm.

Europäisches Parlament. (2019). Europäische Verbünde für territoriale Zusammenarbeit (EVTZ). http://www.europarl.europa.eu/factsheets/de/sheet/94/europaische-verbunde-fur-territoriale-zusammenarbeit-evtz-. Zugegriffen: 4. Juni 2019.

Evrard, E., & Schulz, C. (2015). Vers une région métropolitaine polycentrique? Enjeux d'un aménagement du territoire transfrontalier. In C. Wille (Hrsg.), *Lebenswirklichkeiten und politische Konstruktionen in Grenzregionen. Das Beispiel der Großregion SaarLorLux: Wirtschaft – Politik – Alltag – Kultur* (Kultur und soziale Praxis, S. 83–106). Bielefeld: transcript.

Frankena, W. K. (1983). Moral Point of view-Theories. In N. E. Bowie (Hrsg.), *Ethical Theory in the last quarter of the twentieth century* (S. 39–79). Indianapolis: Hackett Publishing Company.

Fricke, C. (2014). Grenzüberschreitende Governance in der Raumplanung. Organisations- und Kooperationsformen in Basel und Lille. In S. Grotheer, A. Schwöbel, & M. Stepper (Hrsg.), *Nimm's sportlich – Planung als Hindernislauf* (Arbeitsberichte der ARL, Bd. 10, S. 62–78). Hannover: Selbstverlag. https://shop.arl-net.de/media/direct/pdf/ab/ab_010/ab_010_07.pdf. Zugegriffen: 28. Febr. 2019.

Frizell, B. S. (2009). *Arkadien. Mythos und Wirklichkeit*. Köln: Böhlau.

Fürst, D. (2001a). Regional governance – Ein neues Paradigma der Regionalwissenschaften? *Raumforschung und Raumordnung 59*(5–6), 370–380.

Fürst, D. (2001b). Steuerung durch räumliche Planung? In H.-P. Burth & A. Görlitz (Hrsg.), *Politische Steuerung in Theorie und Praxis* (Schriften zur Rechtspolitologie, Bd. 12, S. 247–276). Baden-Baden: Nomos.

Fürst, D. (2004). Kapitel 2: Regional Governance. In A. Benz (Hrsg.), *Governance – Regieren in komplexen Regelsystemen. Eine Einführung* (S. 45–64). Wiesbaden: VS Verlag.

Gailing, L. (2012a). Sektorale Institutionensysteme und die Governance kulturlandschaftlicher Handlungsräume. Eine institutionen- und steuerungstheoretische Perspektive auf die Konstruktion von Kulturlandschaft. *Raumforschung und Raumordnung 70*(2), 147–160. https://doi.org/10.1007/s13147-011-0135-x.

Gailing, L. (2012b). Suburbane Kulturlandschaften als Handlungsräume – Institutionenprobleme und Governance-Formen. In W. Schenk, M. Kühn, M. Leibenath, & S. Tzschaschel (Hrsg.), *Suburbane Räume als Kulturlandschaften* (Forschungs- und Sitzungsberichte, Bd. 236, S. 126–147). Hannover: Selbstverlag.

Gailing, L. (2014). *Kulturlandschaftspolitik. Die gesellschaftliche Konstituierung von Kulturlandschaft durch Institutionen und Governance*. Detmold: Rohn.

Gailing, L. (2015a). Die Transformation suburbaner Räume in westlichen Gesellschaften und die Perspektive der sozialwissenschaftlichen Landschaftsforschung. In O. Kühne, K. Gawroński, & J. Hernik (Hrsg.), *Transformation und Landschaft. Die Folgen sozialer Wandlungsprozesse auf Landschaft* (S. 84–93). Wiesbaden: Springer VS.

Gailing, L. (2015b). Energiewende als Mehrebenen-Governance. *Nachrichten der ARL, 45*(2), 7–10.

Gailing, L. (2018). Die räumliche Governance der Energiewende: Eine Systematisierung der relevanten Governance-Formen. In O. Kühne & F. Weber (Hrsg.), *Bausteine der Energiewende* (S. 75–90). Wiesbaden: Springer VS.

Gailing, L. (2019). Landschaft und Governance. In O. Kühne, F. Weber, K. Berr, & C. Jenal (Hrsg.), *Handbuch Landschaft* (S. 419–428). Wiesbaden: Springer VS.

Gailing, L., & Leibenath, M. (2012). Von der Schwierigkeit, „Landschaft" oder „Kulturlandschaft" allgemeingültig zu definieren. *Raumforschung und Raumordnung, 70*(2), 95–106. https://doi.org/10.1007/s13147-011-0129-8.

Gailing, L., & Leibenath, M. (2015). The social construction of landscapes: Two theoretical lenses and their empirical applications. *Landscape Research, 40*(2), 123–138. https://doi.org/10.1080/01426397.2013.775233.

Gailing, L., & Röhring, A. (2008). Institutionelle Aspekte der Kulturlandschaftsentwicklung. In D. Fürst, L. Gailing, K. Pollermann, & A. Röhring (Hrsg.), *Kulturlandschaft als Handlungsraum. Institutionen und Governance im Umgang mit dem regionalen Gemeinschaftsgut Kulturlandschaft* (S. 49–70). Dortmund: Verlag Dorothea Rohn.

Gehlen, A. (1940). *Der Mensch. Seine Natur und seine Stellung in der Welt*. Berlin: Junker und Dünnhaupt.

Gehlen, A. (2004). *Moral und Hypermoral. Eine pluralistische Ethik* (Klostermann-Seminar, Bd. 5, 6., erweiterte Aufl.). Frankfurt a. M.: Klostermann.

Gerhards, P., & Spellerberg, A. (2011). Partizipative Planung mit Seniorinnen und Senioren am Beispiel von Zukunftswerkstätten in Pirmasens. *Raumforschung und Raumordnung, 69*(2), 119–128. https://doi.org/10.1007/s13147-011-0083-5.

Gethmann, C. F. (1993). Lebensweltliche Präsuppositionen praktischer Subjektivität. Zu einem Grundproblem der ‚angewandten Ethik'. In H. M. Baumgartner & W. G. Jacobs (Hrsg.), *Philosophie der Subjektivität? Zur Bestimmung des neuzeitlichen Philosophierens* (Bd. 1, S. 150–170). Stuttgart-Bad Cannstatt: Frommann-Holzboog.

Gethmann, C. F. (2005). Partizipation als Modus sozialer Selbstorganisation? Einige kritische Fragen. GAIA – Ecological Perspectives for Science and Society 14(1), 32–33. Reaktion auf H. Heinrichs. (2005). Partizipationsforschung und nachhaltige Entwicklung. *GAIA, 14*(1), 30–31.

Gethmann, C. F., & Sander, T. (2004). Rechtfertigungsdiskurse. In H. Friesen & K. Berr (Hrsg.), *Angewandte Ethik im Spannungsfeld von Begründung und Anwendung* (S. 111–158). Frankfurt a. M.: Peter.

Glasze, G. (2013). *Politische Räume. Die diskursive Konstitution eines »geokulturellen Raums« – Die Frankophonie*. Bielefeld: transcript.

Glasze, G., & Mattissek, A. (2009). Diskursforschung in der Humangeographie: Konzeptionelle Grundlagen und empirische Operationalisierung. In G. Glasze & A. Mattissek (Hrsg.), *Handbuch Diskurs und Raum. Theorien und Methoden für die Humangeographie sowie die sozial- und kulturwissenschaftliche Raumforschung* (S. 11–59). Bielefeld: transcript.

Glasze, G., & Thielmann, J. (2006). Einführung: Zum Verhältnis von Kultur und Raum. In G. Glasze & J. Thielmann (Hrsg.), *„Orient" versus „Okzident"? Zum Verhältnis von Kultur und Raum in einer globalisierten Welt* (Mainzer Kontaktstudium Geographie, Bd. 10, S. 1–7). Mainz: Selbstverlag.

Görg, C. (2007). Landscape governance. The „politics of scale" and the „natural" conditions of places. *Geoforum, 38*(5), 954–966.

Göttinger Institut für Demokratieforschung. (2010). Neue Dimensionen des Protests? Ergebnisse einer explorativen Studie zu den Protesten gegen Stuttgart 21. http://www.demokratie-goettingen.de/content/uploads/2010/11/Neue-Dimensionen-des-Protests.pdf. Zugegriffen: 22. März 2019.

Gratzel, G. A. (1990). Freiheit, Konflikt und Wandel. Bemerkungen zum Liberalismus-Verständnis bei Ralf Dahrendorf. In H.-G. Fleck, J. Frölich, & B.-C. Padtberg (Hrsg.), *Jahrbuch zur Liberalismus-Forschung. 2. Jahrgang 1990* (S. 11–45). Baden-Baden: Nomos.

Grau, A. (2017). *Hypermoral. Die neue Lust an der Empörung* (2. Aufl.). München: Claudius.

Greider, T., & Garkovich, L. (1994). Landscapes: The social construction of nature and the environment. *Rural Sociology, 59*(1), 1–24. https://doi.org/10.1111/j.1549-0831.1994.tb00519.x.

Grober, U. (2013). *Die Entdeckung der Nachhaltigkeit. Kulturgeschichte eines Begriffs*. München: Kunstmann.

Gruenter, R. (1975). Landschaft. Bemerkungen zu Wort und Bedeutungsgeschichte. In A. Ritter (Hrsg.), *Landschaft und Raum in der Erzählkunst* (Wege der Forschung, Bd. 418, S. 192–207). Darmstadt: WBG (Erstveröffentlichung 1953).

Grunwald, A., & Kopfmüller, J. (2012). Nachhaltigkeit. Eine Einführung (Campus »Studium«, 2., aktualisierte Auflage). Frankfurt a. M.: Campus.

Gutmann, T., & Quante, M. (2017). Individual-, Sozial- und Institutionenethik. In I.-J. Werkner & K. Ebeling (Hrsg.), *Handbuch Friedensethik* (S. 105–114). Wiesbaden: Springer VS.

Haber, W. (2001). Kulturlandschaft zwischen Bild und Wirklichkeit. In Akademie für Raumforschung und Landesplanung (Hrsg.), *Die Zukunft der Kulturlandschaft zwischen Verlust, Bewahrung und Gestaltung* (Forschungs- und Sitzungsberichte, Bd. 215, S. 6–29). Hannover: Selbstverlag.

Habermas, J. (1981). *Theorie des kommunikativen Handelns*. Frankfurt a. M.: Suhrkamp.

Habermas, J. (1983a). Diskursethik – Notizen zu einem Begründungsprogramm. In J. Habermas (Hrsg.), *Moralbewußtsein und kommunikatives Handeln* (S. 53–126). Frankfurt a. M.: Suhrkamp.

Habermas, J. (Hrsg.). (1983b). *Moralbewußtsein und kommunikatives Handeln*. Suhrkamp: Frankfurt a. M.

Habermas, J. (1991). *Erläuterungen zur Diskursethik*. Frankfurt a. M.: Suhrkamp.

Hammer, T. (Hrsg.). (2003). *Großschutzgebiete – Instrumente nachhaltiger Entwicklung*. München: Oekom.

Hammerschmidt, V., & Wilke, J. (1990). *Die Entdeckung der Landschaft. Englische Gärten des 18. Jahrhunderts*. Stuttgart: Deutsche Verlags-Anstalt.

Hard, G. (1969). Das Wort Landschaft und sein semantischer Hof. Zur Methode und Ergebnis eines linguistischen Tests. *Wirkendes Wort, 19*, 3–14.

Hard, G. (1970). *Die „Landschaft" der Sprache und die „Landschaft" der Geographen. Semantische und forschungslogische Studien*. Bonn: Ferdinand Dümmlers.

Hard, G. (1977). Zu den Landschaftsbegriffen der Geographie. In A. Hartlieb von Wallthor & H. Quirin (Hrsg.), *„Landschaft" als interdisziplinäres Forschungsproblem. Vorträge und Diskussionen des Kolloquiums am 7./8. November 1975 in Münster* (S. 13–24). Münster: Aschendorff.

Hard, G. (1991). Landschaft als professionelles Idol. *Garten + Landschaft, 3*(1991), 13–18.

Hard, G. (2002a). Arkadien in Deutschland. Bemerkungen zu einem landschaftlichen Reiz. In G. Hard (Hrsg.), *Landschaft und Raum. Aufsätze zur Theorie der Geographie* (Osnabrücker Studien zur Geographie, Bd. 22, S. 11–34). Osnabrück: Universitätsverlag Rasch.

Hard, G. (2002b). Zu Begriff und Geschichte von „Natur" und „Landschaft" in der Geographie des 19. und 20. Jahrhunderts. In G. Hard (Hrsg.), *Landschaft und Raum. Aufsätze zur Theorie der Geographie* (Osnabrücker Studien zur Geographie, Bd. 22, S. 171–210). Osnabrück: Universitätsverlag Rasch (Erstveröffentlichung 1983).

Hard, G., & Gliedner, A. (1977). Wort und Begriff Landschaft anno 1976. In F. Achleitner (Hrsg.), *Die Ware Landschaft. Eine kritische Analyse des Landschaftsbegriffs* (S. 16–24). Salzburg: Residenz Verlag.

Harris, E. E., & Yunker, J. A. (Hrsg.). (1999). *Toward genuine global governance. Critical reactions to „Our Global Neighborhood"*. Westport: Praeger.

Harth, A. (2012). Stadtplanung. In F. Eckardt (Hrsg.), *Handbuch Stadtsoziologie* (S. 337–364). Wiesbaden: VS Verlag.

Hartlieb von Wallthor, A., & Quirin, H. (Hrsg.). (1977). *„Landschaft" als interdisziplinäres Forschungsproblem. Vorträge und Diskussionen des Kolloquiums am 7./8. November 1975 in Münster*. Münster: Aschendorff.

Hartmann, N. (1926). *Ethik*. Berlin: de Gruyter.

Hauck, T. E. (2014). *Landschaft und Gestaltung. Die Vergegenständlichung ästhetischer Ideen am Beispiel von „Landschaft"*. Bielefeld: transcript.

Haughton, G., Allmendinger, P., Counsell, D., & Vigar, G. (2009). *The new spatial planning. Territorial management with soft spaces and fuzzy boundaries*. London: Routledge.

Hayden, D. (2009). Muster amerikanischer Vorstädte. Ein bauhistorischer Essay. *Bauwelt, 12*, 20–33.

Hegel, G. W. F. (1979). Differenzen des Fichteschen und Schellingschen Systems der Philosophie. In G. W. F. Hegel (Hrsg.), *Jenaer Kritische Schriften I* (S. 1–139). Hamburg: Meiner.

Hegel, G. W. F. (1995). *Grundlinien der Philosophie des Rechts* (Philosophische Bibliothek, Bd. 483, 5., neu durchgesehene Aufl.). Hamburg: Meiner.

Hegel, G. W. F. (1996). *Vorlesungen über die Philosophie der Weltgeschichte. Berlin 1822/1823* (Vorlesungen. Ausgewählte Nachschriften und Manuskripte, Bd. 12). Hamburg: Meiner (Erstveröffentlichung 1822/23).

Hegel, G. W. F. (2003). *Vorlesungen über die Philosophie der Kunst. Berlin 1823*. Hamburg: Meiner (Erstveröffentlichung 1823).

Heidegger, M. (1993). *Sein und Zeit*. Tübingen: Max Niemeyer Verlag (Erstveröffentlichung 1927).

Heinrichs, H., & Michelsen, G. (Hrsg.). (2014). *Nachhaltigkeitswissenschaften*. Berlin: Springer Spektrum.

Heintel, M., Musil, R., Stupphann, M., & Weixlbaumer, N. (2018). Grenzen – Eine Einführung. In M. Heintel, R. Musil, & N. Weixlbaumer (Hrsg.), *Grenzen. Theoretische, konzeptionelle und praxisbezogene Fragestellungen zu Grenzen und deren Überschreitungen* (S. 1–15). Wiesbaden: Springer VS.

Herder, J. G. (1964). *Ideen zur Philosophie der Geschichte der Menschheit* (Herders Werke in fünf Bänden. Vierter Band). Berlin: Aufbau-Verlag.

Hobbes, T. (2005). *Leviathan*. Hamburg: Felix Meiner Verlag (Erstveröffentlichung 1651).

Hobbes, T. (2017). *De cive/Vom Bürger. Lateinisch/Deutsch*. Ditzingen: Reclam (Erstveröffentlichung 1642).

Hoeft, C., Messinger-Zimmer, S., & Zilles, J. (Hrsg.). (2017). *Bürgerproteste in Zeiten der Energiewende. Lokale Konflikte um Windkraft, Stromtrassen und Fracking*. Bielefeld: transcript.

Höffe, O. (Hrsg.). (2008). Einführung in die utilitaristische Ethik. Klassische und zeitgenössische Texte (4., überarbeitete und erweiterte Aufl.). Tübingen: Francke.

Hoffmann, T. S. (2009). *Wirtschaftsphilosophie. Ansätze und Perspektiven von der Antike bis heute*. Wiesbaden: Marixverlag.

Hokema, D. (2009). Die Landschaft der Regionalentwicklung: Wie flexibel ist der Landschaftsbegriff? *Raumforschung und Raumordnung, 67*(3), 239–249.

Hokema, D. (2013). *Landschaft im Wandel? Zeitgenössische Landschaftsbegriffe in Wissenschaft, Planung und Alltag*. Wiesbaden: Springer VS.

Holstenkamp, L., & Radtke, J. (Hrsg.). (2018). *Handbuch Energiewende und Partizipation*. Wiesbaden: Springer VS.

Hooghe, L., & Marks, G. (2003). Unraveling the central state, but how? types of multi-level governance. *American Political Science Review, 97*(2), 233–243.

Hubig, C. (o. J.). Interview: „Es geht um einen echten Ausgleich für Schäden". https://www.cssa-wiesbaden.de/nachhaltigkeitsinitiativechemie/nachhaltigkeit-dissensmanagement/. Zugegriffen: 8. März 2019.

Hubig, C. (1985). *Handlung – Identität – Verstehen. Von der Handlungstheorie zur Geisteswissenschaft*. Weinheim: Beltz.

Hubig, C. (2007). *Die Kunst des Möglichen II. Ethik der Technik als provisorische Moral* (Edition panta rei, Bd. 2). Bielefeld: transcript.

Hume, D. (1978). *Ein Traktat über die menschliche Natur. Buch II. Über die Affekte Buch III. Über Moral* (Unveränderter Nachdruck der 1. Auflage von 1906 (Buch 2 und 3)). Hamburg: Meiner.

Hunziker, M. (2000). *Einstellungen der Bevölkerung zu möglichen Landschaftsentwicklungen in den Alpen*. Birmensdorf: Eidgenössische Forschungsanstalt WSL.

Hunziker, M., Felber, P., Gehring, K., Buchecker, M., Bauer, N., & Kienast, F. (2008). Evaluation of landscape change by different social groups. Results of two empirical studies in Switzerland. *Mountain Research and Development 28*(2), 140–147. https://doi.org/10.1659/mrd.0952. Zugegriffen: 1. Dez. 2017.

Husserl, E. (2007). Die Krisis der europäischen Wissenschaften und die transzendentale Phänomenologie. Eine Einleitung in die phänomenologische Philosophie (Philosophische Bibliothek, Bd. 292, 3. Aufl.). Hamburg: Meiner (Erstveröffentlichung 1936).

Ipsen, D. (2006). *Ort und Landschaft*. Wiesbaden: VS Verlag.

Jackson, J. B. (1984). *Discovering the Vernacular Landscape*. New Haven: Yale University Press.

James, W. (1994). *Was ist Pragmatismus?* Weinheim: Beltz Athenäum.

Jenal, C. (2019). (Alt)Industrielandschaften. In O. Kühne, F. Weber, K. Berr, & C. Jenal (Hrsg.), *Handbuch Landschaft* (S. 831–841). Wiesbaden: Springer VS.

Jenal, C., & Weber, F. (2019). Grenzüberschreitende Zusammenarbeit auf Interreg-Projektebene: Aushandlungsprozesse und Konflikte um ‚peri-urbane Landschaften'. In K. Berr & C. Jenal (Hrsg.), *Landschaftskonflikte* (S. 665–685). Wiesbaden: Springer VS.

Jenal, C., Kindler, H., Kühne, O., & Weber, F. (2019). NeuLand – Heimat im Kontext fragmentierter Landschaftsbiographien. Eine explorative Annäherung. In M. Hülz, O. Kühne, & F. Weber (Hrsg.), *Heimat. Ein vielfältiges Konstrukt* (S. 323–339). Wiesbaden: Springer VS.

Jessel, B. (2005). Landschaft. In E.-H. Ritter (Hrsg.), *Handwörterbuch der Raumordnung* (4., neu bearbeitete Aufl., S. 579–586). Hannover: Selbstverlag.

Jessop, B. (2002). Governance and metagovernance. On the roles of requisite variety, reflexive observation, and romantic irony in participatory Governanve. In H. Heinelt, P. Getimis, G. Kafkalas, R. Smith, & E. Swyngedouw (Hrsg.), *Participatory governance in multi-level context. Concepts and experience* (S. 33–58). Wiesbaden: VS Verlag.

Jirku, A. (2005). Die Renaissance der Bürgerbeteiligung. *Landschaftsarchitekten, 4*, 12.

Jones, M., Howard, P., Olwig, K. R., Primdahl, J., & Sarlöv Herlin, I. (2007). Multiple interfaces of the European landscape convention. *Norsk Geografisk Tidsskrift, 61*(4), 207–216. https://doi.org/10.1080/00291950701709176.

Juarez, J. A., & Brown, K. D. (2008). Extracting or empowering? A critique of participatory methods for marginalized populations. *Landscape Journal, 27*(2), 190–204.

Kamlage, J.-H., Nanz, P., & Fleischer, B. (2014). Dialogorientierte Bürgerbeteiligung im Netzausbau. In H. Rogall, H.-C. Binswanger, F. Ekardt, A. Grothe, W.-D. Hasenclever, I. Hauchler et al. (Hrsg.), Im Brennpunkt: Die Energiewende als gesellschaftlicher Transformationsprozess (Jahrbuch Nachhaltige Ökonomie, Bd. 4, S. 195–216). Marburg: Metropolis.

Kant, I. (1959). *Kritik der reinen Vernunft*. Hamburg: Felix Meiner Verlag (Erstveröffentlichung 1781).

Kant, I. (1990). *Erste Einleitung in die Kritik der Urteilskraft* (Nach der Handschrift herausgegeben von Gerhard Lehmann) (4. Aufl.). Hamburg: Meiner.

Kaplan, R., Kaplan, S., & Ryan, R. L. (1998). *With people in mind. Design and management of everyday nature*. Washington: Island Press.

Kilper, H. (2010). Government und Governance. In D. Henckel, K. von Kuczkowski, P. Lau, E. Pahl-Weber, & F. Stellmacher (Hrsg.), *Planen – Bauen – Umwelt. Ein Handbuch* (S. 203–209). Wiesbaden: VS Verlag.

Kirchhoff, T. & Trepl, L. (2009). Landschaft, Wildnis, Ökosystem: Zur kulturbedingten Vieldeutigkeit ästhetischer, moralischer und theoretischer Naturauffassungen. Einleitender Überblick. In T. Kirchhoff & L. Trepl (Hrsg.), *Vieldeutige Natur. Landschaft, Wildnis und Ökosystem als kulturgeschichtliche Phänomene* (Sozialtheorie, S. 13–68). Bielefeld: transcript.

Klotz, H. (Hrsg.). (1996). *Die zweite Moderne. Eine Diagnose der Kunst der Gegenwart*. München: Beck.
Kluckhohn, C. (1951). Values and value-orientation in the theory of action. An exploration in definition and classification. In T. Parsons & E. A. Shils (Hrsg.), *Toward a general theory of action* (S. 388–433). Cambridge: Harvard University Press.
Knieling, J., & Othengrafen, F. (2009). En route to a theoretical model for comparative research on planning cultures. In J. Knieling & F. Othengrafen (Hrsg.), *Planning cultures in Europe. Decoding cultural phenomena in urban and regional planning* (S. 39–64). Furnham: Ashgate.
Knorr-Cetina, K. (1989). Spielarten des Konstruktivismus. Einige Notizen und Anmerkungen. *Soziale Welt, 40*(1/2), 86–96.
Kocka, J. (2004). Dahrendorf in Perspektive. *Soziologische Revue, 27*(2), 151–158.
Körner, S. (2004). Naturbilder und Heimatideale in Naturschutz und Freiraumplanung. In L. Fischer (Hrsg.), *Projektionsfläche Natur. Zum Zusammenhang von Naturbildern und gesellschaftlichen Verhältnissen* (S. 77–103). Hamburg: Hamburg University Press.
Körner, S. (2005). Landschaft und Raum im Heimat- und Naturschutz. In M. Weingarten (Hrsg.), *Strukturierung von Raum und Landschaft. Konzepte in Ökologie und der Theorie gesellschaftlicher Naturverhältnisse* (S. 107–117). Münster: Westfälisches Dampfboot.
Körner, S. (2006a). Die neue Debatte über Kulturlandschaft in Naturschutz und Stadtplanung. www.bfn.de/fileadmin/MDB/documents/service/perspektivekultur_koerner.pdf. Zugegriffen: 10. Mai 2017.
Körner, S. (2006b). Eine neue Landschaftstheorie? Eine Kritik am Begriff „Landschaft Drei". *Stadt + Grün, 10*(2006), 18–25.
Kortländer, B. (1977). Die Landschaft in der Literatur des ausgehenden 18. und beginnenden 19. Jahrhunderts. In A. Hartlieb von Wallthor & H. Quirin (Hrsg.), *„Landschaft" als interdisziplinäres Forschungsproblem. Vorträge und Diskussionen des Kolloquiums am 7./8. November 1975 in Münster*. Münster: Aschendorff.
Kost, S., & Schönwald, A. (Hrsg.). (2015). *Landschaftswandel – Wandel von Machtstrukturen*. Wiesbaden: Springer VS.
Krüger, S. (2012). Stuttgart 21 – Interessen, Hintergründe, Widersprüche. *Informationen zur Raumentwicklung, 11*(12), 589–603. http://www.bbsr.bund.de/BBSR/DE/Veroeffentlichungen/IzR/2012/11_12/Inhalt/DL_Kruegcr.pdf?_blob=publicationFile&v=2. Zugegriffen: 3. Jan. 2018.
Kuhlmann, W. (1985). *Reflexive Letztbegründung. Untersuchungen zur Transzendentalpragmatik*. Freiburg i. Br.: Alber.
Kühne, O. (2005). *Landschaft als Konstrukt und die Fragwürdigkeit der Grundlagen der konservierenden Landschaftserhaltung – Eine konstruktivistisch-systemtheoretische* (Beiträge zur Kritischen Geographie, Bd. 4). Wien: Selbstverlag.
Kühne, O. (2006a). *Landschaft in der Postmoderne. Das Beispiel des Saarlandes*. Wiesbaden: DUV.
Kühne, O. (2006b). Landschaft und ihre Konstruktion. Theoretische Überlegungen und empirische Befunde. *Naturschutz und Landschaftsplanung, 38*(5), 146–152.
Kühne, O. (2006c). Soziale Distinktion und Landschaft. Eine landschaftssoziologische Betrachtung. *Stadt + Grün, 56*(12), 42–45.
Kühne, O. (2008a). Die Sozialisation von Landschaft – Sozialkonstruktivistische Überlegungen, empirische Befunde und Konsequenzen für den Umgang mit dem Thema Landschaft in Geographie und räumlicher Planung. *Geographische Zeitschrift, 96*(4), 189–206.
Kühne, O. (2008b). *Distinktion – Macht – Landschaft. Zur sozialen Definition von Landschaft*. Wiesbaden: VS Verlag.

Kühne, O. (2008c). Landschaft und Kitsch – Anmerkungen zu impliziten und expliziten Landschaftsvorstellungen. *Naturschutz und Landschaftsplanung, 44*(12), 403–408.

Kühne, O. (2009). Landschaft und Heimat – Überlegungen zu einem geographischen Amalgam. *Berichte zur deutschen Landeskunde, 83*(3), 223–240.

Kühne, O. (2012). *Stadt – Landschaft – Hybridität. Ästhetische Bezüge im postmodernen Los Angeles mit seinen modernen Persistenzen*. Wiesbaden: Springer VS.

Kühne, O. (2014a). Das Konzept der Ökosystemdienstleistungen als Ausdruck ökologischer Kommunikation. Betrachtungen aus der Perspektive Luhmannscher Systemtheorie. *Naturschutz und Landschaftsplanung, 46*(1), 17–22.

Kühne, O. (2014b). Landschaft und Macht: von Eigenlogiken und Ästhetiken in der Raumentwicklung. *Ausdruck und Gebrauch, 12*, 151–172.

Kühne, O. (2015). Das studentische Verständnis von Landschaft Ergebnisse einer qualitativen und quantitativen Studie bei Studierenden der Fakultät Landschaftsarchitektur der Hochschule Weihenstephan-Triesdorf. *morphé. rural – suburban – urban 1*, 50–59. www.hswt.de/fkla-morphe. Zugegriffen: 21. März 2017.

Kühne, O. (2017a). Der intergenerationelle Wandel landschaftsästhetischer Vorstellungen – Eine Betrachtung aus sozialkonstruktivistischer Perspektive. In O. Kühne, H. Megerle, & F. Weber (Hrsg.), *Landschaftsästhetik und Landschaftswandel* (S. 53–67). Wiesbaden: Springer VS.

Kühne, O. (2017b). *Zur Aktualität von Ralf Dahrendorf. Einführung in sein Werk* (Aktuelle und klassische Sozial- und Kulturwissenschaftlerlinnen). Wiesbaden: Springer VS.

Kühne, O. (2018a). ‚Neue Landschaftskonflikte' – Überlegungen zu den physischen Manifestationen der Energiewende auf der Grundlage der Konflikttheorie Ralf Dahrendorfs. In O. Kühne & F. Weber (Hrsg.), *Bausteine der Energiewende* (S. 163–186). Wiesbaden: Springer VS.

Kühne, O. (2018b). Der doppelte Landschaftswandel. Physische Räume, soziale Deutungen, Bewertungen. *Nachrichten der ARL, 48* (1), 14–17. https://shop.arl-net.de/media/direct/pdf/nachrichten/2018-1/NR_1-18_K%C3%BChne_S14-17_online.pdf. Zugegriffen: 8. Okt. 2018.

Kühne, O. (2018c). Die Moralisierung von Landschaft – Überlegungen zu einer problematischen Kommunikation aus Sicht der Luhmannschen Systemtheorie. In S. Hennecke, H. Kegler, K. Klaczynski, & D. Münderlein (Hrsg.), *Diedrich Bruns wird gelehrt haben. Eine Festschrift* (S. 115–121). Kassel: Kassel University Press.

Kühne, O. (2018d). *Landschaft und Wandel. Zur Veränderlichkeit von Wahrnehmungen*. Wiesbaden: Springer VS.

Kühne, O. (2018e). *Landschaftstheorie und Landschaftspraxis. Eine Einführung aus sozialkonstruktivistischer Perspektive* (2., aktualisierte und überarbeitete Aufl.). Wiesbaden: Springer VS.

Kühne, O. (2018f). Macht, Herrschaft und Landschaft: Landschaftskonflikte zwischen Dysfunktionalität und Potenzial. Eine Betrachtung aus Perspektive der Konflikttheorie Ralf Dahrendorfs. In K. Berr (Hrsg.), *Transdisziplinäre Landschaftsforschung. Grundlagen und Perspektiven* (S. 155–170). Wiesbaden: Springer VS.

Kühne, O. (2019a). Die Produktivität von Landschaftskonflikten – Möglichkeiten und Grenzen auf Grundlage der Konflikttheorie Ralf Dahrendorfs. In K. Berr & C. Jenal (Hrsg.), *Landschaftskonflikte* (S. 37–49). Wiesbaden: Springer VS.

Kühne, O. (2019b). Die Sozialisation von Landschaft. In O. Kühne, F. Weber, K. Berr, & C. Jenal (Hrsg.), *Handbuch Landschaft* (S. 301–312). Wiesbaden: Springer VS.

Kühne, O. (2019c). *Landscape Theories. A Brief Introduction*. Wiesbaden: Springer VS.

Kühne, O. (2019d). Sozialkonstruktivistische Landschaftstheorie. In O. Kühne, F. Weber, K. Berr, & C. Jenal (Hrsg.), *Handbuch Landschaft* (S. 69–79). Wiesbaden: Springer VS.

Kühne, O. (2019e). Vom‚Bösen' und‚Guten' in der Landschaft – Das Problem moralischer Kommunikation im Umgang mit Landschaft und ihren Konflikten. In K. Berr & C. Jenal (Hrsg.), *Landschaftskonflikte* (S. 131–142). Wiesbaden: Springer VS.

Kühne, O., & Meyer, W. (2015). Gerechte Grenzen? Zur territorialen Steuerung von Nachhaltigkeit. In O. Kühne & F. Weber (Hrsg.), *Bausteine der Regionalentwicklung* (S. 25–40). Wiesbaden: Springer VS.

Kühne, O., & Schönwald, A. (2015). *San Diego Eigenlogiken, Widersprüche und Hybriditäten in und von ‚America's finest city'*. Wiesbaden: Springer VS.

Kühne, O., & Weber, F. (2015). Der Energienetzausbau in Internetvideos – Eine quantitativ ausgerichtete diskurstheoretisch orientierte Analyse. In S. Kost & A. Schönwald (Hrsg.), *Landschaftswandel – Wandel von Machtstrukturen* (S. 113–126). Wiesbaden: Springer VS.

Kühne, O., & Weber, F. (2018a). Bausteine der Energiewende – Einführung, Übersicht und Ausblick. In O. Kühne & F. Weber (Hrsg.), *Bausteine der Energiewende* (S. 3–19). Wiesbaden: Springer VS.

Kühne, O., & Weber, F. (2018b). Conflicts and negotiation processes in the course of power grid extension in Germany. *Landscape Research, 43* (4), 529–541 (Erstveröffentlichung 2017). https://doi.org/10.1080/01426.397.2017.1300.639.

Kühne, O., & Weber, F. (2019). Landschaft und Heimat – Argumentative Verknüpfungen durch Bürgerinitiativen im Kontext des Stromnetz- und des Windkraftausbaus. In M. Hülz, O. Kühne, & F. Weber (Hrsg.), *Heimat. Ein vielfältiges Konstrukt* (S. 163–178). Wiesbaden: Springer VS.

Kühne, O., Megerle, H., & Weber, F. (Hrsg.). (2017). *Landschaftsästhetik und Landschaftswandel*. Wiesbaden: Springer VS.

Kühne, O., Weber, F., & Jenal, C. (2018). *Neue Landschaftsgeographie. Ein Überblick* (Essentials). Wiesbaden: Springer VS.

Kühne, O., Weber, F., & Berr, K. (2019a). The productive potential and limits of landscape conflicts in light of Ralf Dahrendorf's conflict theory. *Società Mutamento Politica, 10*(19), 77–90.

Kühne, O., Weber, F., & Jenal, C. (2019b). Neue Landschaftsgeographie. In O. Kühne, F. Weber, K. Berr, & C. Jenal (Hrsg.), *Handbuch Landschaft* (S. 119–134). Wiesbaden: Springer VS.

Kurt, H. (2004). Ästhetik der Nachhaltigkeit. In H. Strelow & V. David (Hrsg.), *Ökologische Ästhetik. Theorie und Praxis künstlerischer Umweltgestaltung* (S. 238–241). Basel: Birkhäuser.

Küster, H. (2012). Arkadien als halboffene Weidelandschaft. *Merkur, 66*(758), 651–656.

Lange, S., & Schimank, U. (2004). Governance und gesellschaftliche Integration. In S. Lange & U. Schimank (Hrsg.), *Governance und gesellschaftliche Integration* (Governance, Bd. 2, S. 9–44). Wiesbaden: VS Verlag.

Langen, A. (1975). Verbale Dynamik in der dichterischen Landschaftsschilderung des 18. Jahrhunderts (1948/49). In A. Ritter (Hrsg.), *Landschaft und Raum in der Erzählkunst* (Wege der Forschung, Bd. 418, S. 112–191). Darmstadt: WBG (Erstveröffentlichung 1953).

Lautensach, H. (1973). Über die Erfassung und Abgrenzung von Landschaftsräumen. In K. Paffen (Hrsg.), *Das Wesen der Landschaft* (Wege der Forschung, Bd. 39, S. 20–38). Darmstadt: WBG (Erstveröffentlichung 1938).

Lehmann, H. (1968). *Formen landschaftlicher Raumerfahrung im Spiegel der bildenden Kunst*. Erlangen: Selbstverlag der FGG.

Leibenath, M. (2008). Exploring the gaps sustainability as a challenge for cross-border governance in Central Europe. In M. Leibenath, E. Korcelli-Olejniczak, & R. Knippschild (Hrsg.), *Cross-border governance and sustainable spatial development. Mind the gaps!* (S. 1–11). Berlin: Springer.

Leibenath, M. (2013). Energiewende und Landschafts-Governance: Empirische Befunde und theoretische Perspektiven. In L. Gailing & M. Leibenath (Hrsg.), *Neue Energielandschaften – Neue Perspektiven der Landschaftsforschung* (S. 45–63). Wiesbaden: Springer VS.

Leibenath, M. (2019). Gouvernementalität. In O. Kühne, F. Weber, K. Berr, & C. Jenal (Hrsg.), *Handbuch Landschaft* (S. 407–417). Wiesbaden: Springer VS.

Leibenath, M., & Gailing, L. (2012). Semantische Annäherung an „Landschaft" und „Kulturlandschaft". In W. Schenk, M. Kühn, M. Leibenath, & S. Tzschaschel (Hrsg.), *Suburbane Räume als Kulturlandschaften* (Forschungs- und Sitzungsberichte, Bd. 236, S. 58–79). Hannover: Selbstverlag.

Leibenath, M., & Lintz, G. (2018). Streifzug mit Michel Foucault durch die Landschaften der Energiewende: Zwischen Government, Governance und Gouvernementalität. In O. Kühne & F. Weber (Hrsg.), *Bausteine der Energiewende* (S. 91–107). Wiesbaden: Springer VS.

Leibenath, M., & Otto, A. (2012). Diskursive Konstituierung von Kulturlandschaft am Beispiel politischer Windenergiediskurse in Deutschland. *Raumforschung und Raumordnung, 70*(2), 119–131. https://doi.org/10.1007/s13147-012-0148-0.

Leibenath, M., Korcelli-Olejniczak, E., & Knippschild, R. (Hrsg.). (2008). *Cross-border governance and sustainable spatial development. Mind the gaps!* Berlin: Springer.

Leibenath, M., Heiland, S., Kilper, H., & Tzschaschel, S. (Hrsg.). (2013). *Wie werden Landschaften gemacht? Sozialwissenschaftliche Perspektiven auf die Konstituierung von Kulturlandschaften*. Bielefeld: transcript.

Leonardi, L. (2014). *Introduzione a Dahrendorf* (Maestri del Novecento, Bd. 20). Roma: Editori Laterza.

Luhmann, N. (1984). *Soziale Systeme. Grundriß einer allgemeinen Theorie*. Frankfurt a. M.: Suhrkamp.

Luhmann, N. (1993). Die Moral des Risikos und das Risiko der Moral. In G. Bechmann (Hrsg.), *Risiko und Gesellschaft. Grundlagen und Ergebnisse interdisziplinärer Risikoforschung* (S. 327–338). Opladen: Westdeutscher Verlag.

Luhmann, N. (2017). *Systemtheorie der Gesellschaft*. Berlin: Suhrkamp.

Lutz-Bachmann, M. (2013). *Ethik* (Grundkurs Philosophie, Bd. 7). Stuttgart: Reclam.

Lyotard, J.-F. (1979). *La condition postmoderne. Rapport sur le savoir*. Paris: Les Éditions de Minuit.

Maak, T., & Ulrich, P. (2007). *Integre Unternehmensführung. Ethisches Orientierungswissen für die Wirtschaftspraxis*. Stuttgart: Schäffer-Poeschel.

Mack, S. (2018). *Akzeptanz von Gewerbe- und Industriegebieten*. Bachelorarbeit, Universität Tübingen, Tübingen.

Mackert, J. (2010). Opportunitätsstrukturen und Lebenschancen. *Berliner Journal für Soziologie, 20*(3), 401–420.

Marchal, H., & Stébé, J.-M. (2018). *La France périurbaine*. Paris: Presses Universitaires de France.

Marg, S. (2017). Heimat. Die Reaktivierung eines Kampfbegriffes. In C. Hoeft, S. Messinger-Zimmer, & J. Zilles (Hrsg.), *Bürgerproteste in Zeiten der Energiewende. Lokale Konflikte um Windkraft Stromtrassen und Fracking* (S. 221–234). Bielefeld: transcript.

Marg, S., Zilles, J., & Schwarz, C. (2017). „Das Maß ist voll!" Proteste gegen Windenergie. In C. Hoeft, S. Messinger-Zimmer, & J. Zilles (Hrsg.), *Bürgerproteste in Zeiten der Energiewende. Lokale Konflikte um Windkraft, Stromtrassen und Fracking* (S. 63–95). Bielefeld: transcript.

Mattissek, A., Pfaffenbach, C. & Reuber, P. (2013). *Methoden der empirischen Humangeographie* (Das Geographische Seminar, Bd. 20). Braunschweig: Westermann Schulbuchverlag.

Mayntz, R. (1997). Politische Steuerung: Aufsteig, Niedergang und Transformation einer Theorie. In R. Mayntz (Hrsg.), *Soziale Dynamik und politische Steuerung. Theoretische und methodologische Überlegungen* (S. 263–292). Frankfurt a. M.: Campus.

Mayntz, R. (2005). Governance Theory als fortentwickelte Steuerungstheorie? In G. F. Schuppert (Hrsg.), *Governance-Forschung. Vergewisserung über Stand und Entwicklungslinien* (S. 11–20). Baden-Baden: Nomos.

Meyer, W. (2006). Evaluation von Netzwerksteuerung. *Zeitschrift für Evaluation (ZfEv), 2*, 317–332.

Meynen, E., & Schmithüsen, J. (1953–1962). *Handbuch der naturräumlichen Gliederung Deutschlands. Neun Bände*. Remagen: Selbstverlag der Bundesanstalt für Landeskunde.

Miggelbrink, J. (2002). Konstruktivismus? ‚Use with caution'. Zum Raum als Medium der Konstruktion gesellschaftlicher Wirklichkeit. *Erdkunde, 56*(4), 337–350.

Mitchell, D. (2005). Landscape. In D. Atkinson, P. Jackson, D. Sibley, & N. Washbourne (Hrsg.), *Cultural geography. A critical dictionary of key concepts* (International library of human geography, Bd. 3, S. 49–56). London: I. B. Tauris & Co.

Mose, I., & Weixlbaumer, N. (Hrsg.). (2002). *Naturschutz: Grossschutzgebiete und Regionalentwicklung* (Naturschutz und Freizeitgesellschaft, Bd. 5). Sankt Augustin: Academia-Verlag.

Mose, I., Jacuniak-Suda, M., & Fiedler, G. (2014). Regional Governance-Stile in Europa. Eine vergleichende Analyse von Steuerungsstilen ausgewählter LEADER-Netzwerke in Extremadura (Spanien), Warmińsko-Mazurskie (Polen) und Western Isles (Schottland). *Raumforschung und Raumordnung, 72*(1), 3–20. https://doi.org/10.1007/S.13.147-013-0268-1.

Moss, T. (2003). Raumwissenschaftliche Perspektiverweiterung zur Umsetzung der EU-Wasserrahmenrichtlinie. In T. Moss (Hrsg.), *Das Flussgebiet als Handlungsraum. Institutionenwandel durch die EU-Wasserrahmenrichtlinie aus raumwissenschaftlichen Perspektiven* (Stadt- und Regionalwissenschaften/Urban and Regional Sciences, Bd. 3, S. 21–43). Münster: LIT.

Mouffe, C. (2007a). Pluralismus, Dissens und demokratische Staatsbürgerschaft. In M. Nonhoff (Hrsg.), *Diskurs – radikale Demokratie – Hegemonie. Zum politischen Denken von Ernesto Laclau und Chantal Mouffe* (S. 41–53). Bielefeld: transcript.

Mouffe, C. (2007b). *Über das Politische. Wider die kosmopolitische Illusion*. Frankfurt a. M.: Suhrkamp.

Mouffe, C. (2010). *Das demokratische Paradox*. Wien: Turia+Kant.

Mouffe, C. (2014). *Agonistik. Die Welt politisch denken* (Bd. 2677). Berlin: Suhrkamp.

MUEEF. (2018). Verordnungsentwurf des Ministeriums für Umwelt, Energie, Ernährung und Forsten (Stand 25.06.2018). Landesverordnung über das Biosphärenreservat Pfälzerwald als deutscher Teil des grenzüberschreitenden Biosphärenreservates Pfälzerwald-Nordvogesen. https://mueef.rlp.de/fileadmin/mulewf/Themen/Naturschutz/Aktuelles_und_Service/E_Blanco.pdf. Zugegriffen: 18. Febr. 2019.

Müller, G. (1977). Zur Geschichte des Wortes Landschaft. In A. Hartlieb von Wallthor & H. Quirin (Hrsg.), *„Landschaft" als interdisziplinäres Forschungsproblem. Vorträge und Diskussionen des Kolloquiums am 7./8. November 1975 in Münster* (S. 3–13). Münster: Aschendorff.

Nadalutti, E. (2014). What kind of governance does emerge in EU cross-border regions and Southeast Asia growth triangles? Italy-Slovenia and Indonesia-Malaysia-Singapore border zones revisited. *Asia Europe Journal, 12*(4), 365–382. https://doi.org/10.1007/s10308-014-0388-4.

Naranjo, F. Z. (2006). Landscape and spatial planning policies. In Council of Europe (Hrsg.), *Landscape and sustainable development. Challenges of the European Landscape Convention* (S. 53–79). Strasbourg: Council of Europe Publishing.

Nassehi, A. (1999). *Differenzierungsfolgen. Beiträge zur Soziologie der Moderne*. Wiesbaden: VS Verlag.

Nassehi, A. (2017). *Die letzte Stunde der Wahrheit. Kritik der komplexitätsvergessenen Vernunft* (Kursbuch.Edition). Hamburg: Sven Murmann Verlagsgesellschaft.

Newman, D. (2006). Borders and bordering. Towards an interdisciplinary dialogue. *European Journal of Social Theory, 9*(2), 171–186. https://doi.org/10.1177/1368431006063.331.

Niedenzu, H.-J. (2001). Konflikttheorie: Ralf Dahrendorf. In J. Morel, E. Bauer, T. Maleghy, H.-J. Niedenzu, M. Preglau, & H. Staubmann (Hrsg.), *Soziologische Theorie. Abriß ihrer Hauptvertreter* (7. Aufl., S. 171–189). München: Oldenbourg.

Nienaber, B. (2018). Grenze als überwindbares Phänomen in der Raumplanung? In M. Heintel, R. Musil, & N. Weixlbaumer (Hrsg.), *Grenzen. Theoretische, konzeptionelle und praxisbezogene*

Fragestellungen zu Grenzen und deren Überschreitungen (S. 161–179). Wiesbaden: Springer VS.

Obkircher, S. (2017). *Raumentwicklung in Grenzregionen. Bedeutung und Wirkung von Planungsleitbildern und Governance-Prozessen* (Sozial- und Kulturgeographie, Bd. 15). Bielefeld: transcript.

Offe, C. (1984). Korporatismus als System nichtstaatlicher Makrosteuerung? *Geschichte und Gesellschaft. Zeitschrift für Historische Sozialwissenschaft, 10*(2), 234–256.

Offe, C. (2008). Governance –„Empty signifier" oder sozialwissenschaftliches Forschungsprogramm? In G. F. Schuppert & M. Zürn (Hrsg.), *Governance in einer sich wandelnden Welt* (Politische Vierteljahresschrift Sonderheft, Bd. 41, S. 61–76). Wiesbaden: VS Verlag.

Ohmae, K. (1999). *The borderless world. Power and strategy in the interlinked economy* (Revised edition). New York: Harper Business (Erstveröffentlichung 1990).

Olwig, K. R. (2007). The Practice of landscape,Conventions' and the just landscape: The case of the european landscape convention. *Landscape Research, 32*(5), 579–594. https://doi.org/10.1080/01426390701552738.

Oppel, A. (1884). *Landschaftskunde. Versuch einer Physiogonomik der gesamten Erdoberfläche in Skizzen Charakteristiken und Schilderungen*. Breslau: Hirt.

Ottmann, H. (2012). *Geschichte des politischen Denkens. Band 4: Das 20. Jahrhundert* (Teilband 2: Von der Kritischen Theorie bis zur Globalisierung). Stuttgart: Metzler.

Paasi, A. (1998). Boundaries as social processes: Territoriality in the world of flows. *Geopolitics, 3*(1), 69–88. https://doi.org/10.1080/14650049808407608.

Paasi, A. (2012). Border studies reanimated. Going beyond the territorial/relational divide. *Environment and Planning A, 44*(10), 2303–2309.

Paasi, A., & Metzger, J. (2017). Foregrounding the region. *Regional Studies, 51*(1), 19–30. https://doi.org/10.1080/00343404.2016.1239818 (Erstveröffentlichung 2016).

Paffen, K. (Hrsg.). (1973). *Das Wesen der Landschaft* (Wege der Forschung, Bd. 39). Darmstadt: WBG.

Pallagst, K., Dörrenbächer, H. P., & Weith, T. (2018a). Grenzüberschreitende Kooperation theoretisch: Erklärungsansätze aus europäischer Integration, Regionalismus und Governance. In K. Pallagst, A. Hartz, & B. Caesar (Hrsg.), *Border Futures – Zukunft Grenze – Avenir Frontière. Zukunftsfähigkeit grenzüberschreitender Zusammenarbeit* (Arbeitsberichte der ARL, Bd. 20, S. 28–40). Hannover: Selbstverlag.

Pallagst, K., Hartz, A., & Caesar, B. (2018b). Ausblick: Border Futures – Auf dem Weg zur Zukunftsfähigkeit von Grenzregionen. In K. Pallagst, A. Hartz, & B. Caesar (Hrsg.), *Border Futures – Zukunft Grenze – Avenir Frontière. Zukunftsfähigkeit grenzüberschreitender Zusammenarbeit* (Arbeitsberichte der ARL, Bd. 20, S. 338–346). Hannover: Selbstverlag.

Pallagst, K., Hartz, A., & Caesar, B. (Hrsg.). (2018c). *Border Futures – Zukunft Grenze – Avenir Frontière. Zukunftsfähigkeit grenzüberschreitender Zusammenarbeit* (Arbeitsberichte der ARL, Bd. 20). Hannover: Selbstverlag.

Perkmann, M. (2003). Cross-border regions in Europe: Significance and drivers of regional cross-border co-operation. *European Urban and Regional Studies, 10*(2), 153–171. https://doi.org/10.1177/0969776403010002004.

Petrow, C. A. (2017). Wertkonflikte in Landschaftsarchitektur und Freiraumplanung. Felder, Akteure, Positionen. In K. Berr (Hrsg.), *Architektur- und Planungsethik. Zugänge, Perspektiven, Standpunkte* (S. 47–69). Wiesbaden: Springer VS.

Petrow, C. A. (2019). Öffentliche Freiräume zwischen ökonomischer Wertschöpfung und sozialer Leistungsfähigkeit in Business Improvement Districts (BID). In K. Berr & C. Jenal (Hrsg.), *Landschaftskonflikte* (S. 155–177). Wiesbaden: Springer VS.

Pierre, J., & Peters, B. G. (2000). *Governance, Politics and the State*. New York: St. Martin's.

Popper, K. R. (1963). *Conjectures and refutations. The growth of scientific knowledge*. London: Routledge & Kegan Paul.

Pörksen, B. (2015). Schlüsselwerke des Konstruktivismus. In B. Pörksen (Hrsg.), *Schlüsselwerke des Konstruktivismus* (S. 3–17). Wiesbaden: VS Verlag.

Prange, K. (2010). *Die Ethik der Pädagogik. Zur Normativität erzieherischen Handelns*. Paderborn: Ferdinand Schöningh.

Priebs, A. (2018). Grenzüberschreitende Zusammenarbeit über Verwaltungsgrenzen aus Sicht der Planungs- und Verwaltungspraxis. In M. Heintel, R. Musil, & N. Weixlbaumer (Hrsg.), *Grenzen. Theoretische, konzeptionelle und praxisbezogene Fragestellungen zu Grenzen und deren Überschreitungen* (S. 181–203). Wiesbaden: Springer VS.

Prieur, M. (2006). Landscape and social, economic, culural and ecological approaches. In Council of Europe (Hrsg.), *Landscape and sustainable development. Challenges of the European landscape convention* (S. 11–28). Strasbourg: Council of Europe Publishing.

Prominski, M. (2004). *Landschaft entwerfen. Zur Theorie aktueller Landschaftsarchitektur*. Berlin: Reimer.

Quante, M. (2008). *Einführung in die allgemeine Ethik* (Einführungen Philosophie, 3. Aufl.). Darmstadt: WBG.

Quine, W. V. O. (1953). *From a logical point of view. Nine logico-philosophical essays*. Cambridge: Harvard University Press.

Rawls, J. (1971). *A theory of justice*. Cambridge: Harvard University Press.

Rawls, J. (2017). *Eine Theorie der Gerechtigkeit* (20. Aufl.). Frankfurt a. M.: Suhrkamp. (engl. Original 1971).

Redepenning, M. (2018). Aspekte einer Sozialgeographie der Grenzziehungen. Grenzziehungen als soziale Praxis mit Raumbezug. In M. Heintel, R. Musil, & N. Weixlbaumer (Hrsg.), *Grenzen. Theoretische, konzeptionelle und praxisbezogene Fragestellungen zu Grenzen und deren Überschreitungen* (S. 19–42). Wiesbaden: Springer VS.

Reed, J., Deakin, L., & Sunderland, T. (2014). What are ‚Integrated Landscape Approaches' and how effectively have they been implemented in the tropics: A systematic map protocol. *Environmental Evidence, 4*(2), 1–7.

Reed, J., van Vianen, J., Deakin, E. L., Barlow, J., & Sunderland, T. (2016). Integrated landscape approaches to managing social and environmental issues in the tropics: Learning from the past to guide the future. *Global Change Biology, 22*(7), 2540–2554. https://doi.org/10.1111/gcb.13284.

Reichenbachs, M., & Nullmeier, F. (2016). Korporatismus und Demokratie. In O. W. Lembcke, C. Ritzi, & G. S. Schaal (Hrsg.), *Zeitgenössische demokratietheorie. Band 2, Empirische Demokratietheorien* (S. 79–102). Wiesbaden: Springer VS.

Renn, O. (2012). Wissen und Moral. Stadien der Risikowahrnehmung. In M.-D. Weitze, A. Pühler, W. M. Heckl, W. Müller-Röber, O. Renn, P. Weingart et al. (Hrsg.), *Biotechnologie-Kommunikation. Kontroversen, Analysen, Aktivitäten* (Acatech DISKUSSION, S. 367–375). Berlin: Springer Vieweg.

Reuter, W. (2001). Öffentliches-privates Partnerschaftsprojekt „Stuttgart 21" Konflikte, Krisen, Machtkalküle. *disP – The Planning Review, 145*(37), 29–40.

Rhodes, R. (1996). The new governance: Governing without government. *Political Studies, 44*, 652–667. https://doi.org/10.1111/j.1467-9248.1996.tb01747.x.

Riehl, W. H. (1996). Das landschaftliche Auge. In G. Gröning & U. Herlyn (Hrsg.), *Landschaftswahrnehmung und Landschaftserfahrung* (Arbeiten zur sozialwissenschaftlich orientierten Freiraumplanung, S. 144–162). Münster: LIT.

Ritter, A. (Hrsg.). (1975). *Landschaft und Raum in der Erzählkunst* (Wege der Forschung, Bd. 418). Darmstadt: WBG (Erstveröffentlichung 1953).

Ritter, E.-H. (1979). Der kooperative Staat. Bemerkungen zum Verhältnis von Staat und Wirtschaft. *Archiv des öffentlichen Rechts, 104*(3), 389–413.

Ritter, J. (1996). Landschaft. Zur Funktion des Ästhetischen in der modernen Gesellschaft. In G. Gröning & U. Herlyn (Hrsg.), *Landschaftswahrnehmung und Landschaftserfahrung* (Arbeiten zur sozialwissenschaftlich orientierten Freiraumplanung, S. 28–68). Münster: LIT.

Roters, E. (1995). *Jenseits von Arkadien. Die romantische Landschaft*. Köln: DuMont.

Rumford, C. (2016). Introduction. Theorizing borders. *European Journal of Social Theory, 9*(2), 155–169. https://doi.org/10.1177/1368431006063330.

Sächsische Hans-Carl-von-Carlowitz-Gesellschaft (Hrsg.). (2013). *Die Erfindung der Nachhaltigkeit. Leben, Werk und Wirkung des Hans Carl von Carlowitz*. München: Oekom.

Säck-da Silva, S. (2009). *MitWirkung – Zukunft gestalten. Prozessmanagement in der räumlichen Planung*. Kassel: Universität Kassel.

Sahr, W.-D., & Wardenga, U. (2005). Grenzgänge – Ein Vorwort über Grenzen und ihre (Be-)Deutungen in der Geographie. *Berichte zur deutschen Landeskunde, 79*(2/3), 157–166.

Sayer, J., Sunderland, T., Ghazoul, J., Pfund, J.-L., Sheil, D., Meijaard, E., Venter, M., Boedhihartono, A. K., Day, M., Garcia, C., van Oosten, C., & Buck, L. E. (2013). Ten principles for a landscape approach to reconciling agriculture, conservation, and other competing land uses. *Proceedings of the National Academy of Sciences of the United States of America, 110*(21), 8349–8356.

Schapp, W. (1953). *In Geschichten verstrickt. Zum Sein von Mensch und Ding*. Hamburg: Meiner.

Schelsky, H. (1980). *Die Soziologen und das Recht. Abhandlungen und Vorträge zur Soziologie von Recht, Institution und Planung*. Opladen: Westdeutscher Verlag.

Schenk, W. (2013). Landschaft als zweifache sekundäre Bildung – Historische Aspekte im aktuellen Gebrauch von Landschaft im deutschsprachigen Raum, namentlich in der Geographie. In D. Bruns & O. Kühne (Hrsg.), *Landschaften: Theorie, Praxis und internationale Bezüge* (S. 23–36). Schwerin: Oceano Verlag.

Schenk, W. (2017). Landschaft. In L. Kühnhardt & T. Mayer (Hrsg.), *Bonner Enzyklopädie der Globalität. Band 1 und Band 2* (S. 671–684). Wiesbaden: Springer VS.

Schmithüsen, J. (1973). Was ist eine Landschaft? (1963). In K. Paffen (Hrsg.), *Das Wesen der Landschaft* (Wege der Forschung, Bd. 39, S. 156–174). Darmstadt: WBG.

Schmitt, C. (1933). *Der Begriff des Politischen*. Hamburg: Hanseatische Verlagsanstalt.

Schmitt, C. (2011). *Die Tyrannei der Werte* (3., korrigierte Aufl.). Berlin: Duncker & Humblot (Erstveröffentlichung 1967).

Schmitter, P. C. (1981). Neokorporatismus: Überlegungen zur bisherigen Theorie und zur weiteren Praxis. In U. v. Alemann (Hrsg.), *Neokorporatismus* (S. 62–79). Frankfurt a. M.: Campus.

Schönwald, A., Spellerberg, A. & Weber, F. (2018). Grenzen – Identitäten – Heimat: Theoriegeleitete Annäherungen an Konstrukte und Konzepte im „grenzüberschreitenden" Kontext. In K. Pallagst, A. Hartz, & B. Caesar (Hrsg.), *Border Futures – Zukunft Grenze – Avenir Frontière. Zukunftsfähigkeit grenzüberschreitender Zusammenarbeit* (Arbeitsberichte der ARL, Bd. 20, S. 130–142). Hannover: Selbstverlag.

Schubert, H. (2004). Netzwerkmanagement – Planung und Steuerung von Vernetzung zur Erzeugung raumgebundenen Sozialkapitals. In B. Müller, S. Löb, & K. Zimmermann (Hrsg.), *Steuerung und Planung im Wandel* (S. 177–200). Wiesbaden: VS Verlag.

Schütz, A. (1971). *Gesammelte Aufsätze 1. Das Problem der Wirklichkeit*. Den Haag: Martinus Nijhoff (Erstveröffentlichung 1962).

Schütz, A. (2004). *Der sinnhafte Aufbau der sozialen Welt. Eine Einleitung in die verstehende Soziologie*. Konstanz: UVK (Erstveröffentlichung 1932).

Schütz, A. & Luckmann, T. (2003). *Strukturen der Lebenswelt*. Konstanz: UTB (Erstveröffentlichung 1975).

Seibel, W. (2016). *Verwaltung verstehen. Eine theoriegeschichtliche Einführung*. Berlin: Suhrkamp.
Sen, A. K. (1966). Hume's law and Hare's rule. *Philosophy, 41*(155), 75–79.
Sielker, F., & Chilla, T. (2015). Regionen als ‚Soft Spaces'? Das neue EU- Instrument der makroregionalen Strategien. In O. Kühne & F. Weber (Hrsg.), *Bausteine der Regionalentwicklung* (S. 41–54). Wiesbaden: Springer VS.
Simmel, G. (1990). Philosophie der Landschaft. In G. Gröning & U. Herlyn (Hrsg.), *Landschaftswahrnehmung und Landschaftserfahrung. Texte zur Konstitution und Rezeption von Natur als Landschaft* (S. 67–79). München: Minerva.
Smuda, M. (Hrsg.). (1986). *Landschaft*. Frankfurt a. M.: Suhrkamp.
Sontheim, T., & Weber, F. (2018). Erdverkabelung und Partizipation als mögliche Lösungswege zur weiteren Ausgestaltung des Stromnetzausbaus? Eine Analyse anhand zweier Fallstudien. In O. Kühne & F. Weber (Hrsg.), *Bausteine der Energiewende* (S. 609–630). Wiesbaden: Springer VS.
Špaček, M. (2018). Multilevel cross-border governance in the Czech-Saxon borderland: Working together or in parallel? *Administrative Culture, 18*(2), 175–202.
Spanier, H. (2006). Pathos der Nachhaltigkeit. Von der Schwierigkeit, „Nachhaltigkeit" zu kommunizieren. *Stadt + Grün, 12,* 26–33.
Spanier, H. (2008). Mensch und Natur – Reflexionen über unseren Platz in der Natur. In Bundesamt für Naturschutz (Hrsg.), *Naturschutz im Kontext einer nachhaltigen Entwicklung. Ansätze, Konzepte, Strategien* (Naturschutz und Biologische Vielfalt, Bd. 67, S. 269–292). Bonn: Bundesamt für Naturschutz.
Stemmer, B. (2016). *Kooperative Landschaftsbewertung in der räumlichen Planung. Sozialkonstruktivistische Analyse der Landschaftswahrnehmung der Öffentlichkeit*. Wiesbaden: Springer VS.
Stotten, R. (2013). Kulturlandschaft gemeinsam verstehen – Praktische Beispiele der Landschaftssozialisation aus dem Schweizer Alpenraum. *Geographica Helvetica, 68*(2), 117–127. https://doi.org/10.5194/gh-68-117-2013.
Stotten, R. (2015). *Das Konstrukt der bäuerlichen Kulturlandschaft. Perspektiven von Landwirten im Schweizerischen Alpenraum* (alpine space – Man & environment, Bd. 15). Innsbruck: Innsbruck University Press.
Stotten, R. (2019). Kulturlandschaft als Ausdruck von Heimat der bäuerlichen Gesellschaft. In M. Hülz, O. Kühne, & F. Weber (Hrsg.), *Heimat. Ein vielfältiges Konstrukt* (S. 149–162). Wiesbaden: Springer VS.
Streeck, W. (1999). *Korporatismus in Deutschland. Zwischen Nationalstaat und Europäischer Union* (Theorie und Gesellschaft, Bd. 45). Frankfurt a. M.: Campus.
Stuhlmann-Laeisz, R. (1983). *Das Sein-Sollen-Problem. Eine modallogische Studie* (Problemata, Bd. 96). Stuttgart – Bad Cannstatt: Frommann-Holzboog.
Thaa, W. (2013). „Stuttgart 21" – Krise oder Repolitisierung der repräsentativen Demokratie? *Politische Vierteljahresschrift, 54*(1), 1–20.
Thompson, I. (2007). The ethics of sustainability. In J. F. Benson & M. Roe (Hrsg.), *Landscape and sustainability* (S. 16–26). London: Routledge Taylor & Francis Group.
Torfing, J. (1999). *New theories of discourse: Laclau, Mouffe and Žižek*. Oxford: Wiley.
Trepl, L. (1996). Die Landschaft und die Wissenschaft. In W. Konold (Hrsg.), *Naturlandschaft – Kulturlandschaft. Die Veränderung der Landschaften nach der Nutzbarmachung durch den Menschen* (S. 13–26). Landsberg: Ecomed.
Trepl, L. (2012). *Die Idee der Landschaft. Eine Kulturgeschichte von der Aufklärung bis zur Ökologiebewegung*. Bielefeld: transcript.

van Houtum, H., Kramsch, O., & Zierhofer, W. (Hrsg.). (2005). *B/ordering Space* (Border regions series). Aldershot: Ashgate.
Vester, H.-G. (1993). *Soziologie der Postmoderne*. München: Quintessenz.
Vicenzotti, V. (2011). *Der »Zwischenstadt«-Diskurs. Eine Analyse zwischen Wildnis, Kulturlandschaft und Stadt*. Bielefeld: transcript.
Vicenzotti, V. (2012). Gestalterische Zugänge zum suburbanen Raum – Eine Typisierung. In W. Schenk, M. Kühn, M. Leibenath, & S. Tzschaschel (Hrsg.), *Suburbane Räume als Kulturlandschaften* (Forschungs- und Sitzungsberichte, Bd. 236, S. 252–275). Hannover: Selbstverlag.
Voelzkow, H. (2013). Neokorporatismus. http://www.bpb.de/nachschlagen/lexika/handwoerterbuch-politisches-system/202076/neokorporatismus. Zugegriffen: 26. Apr. 2019.
Walter, F., Marg, S., Geiges, L., & Butzlaff, F. (Hrsg.). (2013). *Die neue Macht der Bürger. Was motiviert die Protestbewegungen? BP-Gesellschaftsstudie*. Reinbek bei Hamburg: Rowohlt.
Wardenga, U. (1989). Wieder einmal: „Geographie heute?". Zur disziplinhistorischen Charakteristik einiger Verlaufsmomente in der Geographiegeschichte. In P. Sedlacek (Hrsg.), *Programm und Praxis qualitativer Sozialgeographie* (Wahrnehmungsgeographische Studien, Bd. 6, S. 21–27). Oldenburg: BIS-Verlag.
Wardenga, U. (2002). Alte und neue Raumkonzepte für den Geographieunterricht. *Geographie heute, 23*(200), 8–11.
Wastl-Walter, D. (Hrsg.). (2011). *The ashgate research companion to border studies*. Farnham: Ashgate.
Weber, F. (2013). *Naturparke als Manager einer nachhaltigen Regionalentwicklung. Probleme, Potenziale und Lösungsansätze*. Wiesbaden: Springer VS.
Weber, F. (2015a). Landschaft aus diskurstheoretischer Perspektive. Eine Einordnung und Perspektiven. *morphé. rural – suburban – urban 1*, 39–49. http://www.hswt.de/fileadmin/Dateien/Hochschule/Fakultaeten/LA/Dokumente/MORPHE/MORPHE-Band-01-Juni-2015.pdf. Zugegriffen: 30. Aug. 2017.
Weber, F. (2015b). Naturparke als ‚natürlich gegebene' Regionen? Theoretische und praktische Reflexionen. In O. Kühne & F. Weber (Hrsg.), *Bausteine der Regionalentwicklung* (S. 125–136). Wiesbaden: Springer VS.
Weber, F. (2017). Landschaftsreflexionen am Golf von Neapel. Déformation professionnelle, Meer-Stadtlandhybride und Atmosphäre. In O. Kühne, H. Megerle, & F. Weber (Hrsg.), *Landschaftsästhetik und Landschaftswandel* (S. 199–214). Wiesbaden: Springer VS.
Weber, F. (2018a). *Konflikte um die Energiewende. Vom Diskurs zur Praxis*. Wiesbaden: Springer VS.
Weber, F. (2018b). Von der Theorie zur Praxis – Konflikte denken mit Chantal Mouffe. In O. Kühne & F. Weber (Hrsg.), *Bausteine der Energiewende* (S. 187–206). Wiesbaden: Springer VS.
Weber, F. (2019a). ‚Landschaftskonflikte' aus poststrukturalistisch-diskurstheoretischer Perspektive. In K. Berr & C. Jenal (Hrsg.), *Landschaftskonflikte* (S. 51–64). Wiesbaden: Springer VS.
Weber, F. (2019b). Der Stromnetzausbau in Deutschland – Eine Konturierung des Konfliktes in Anschluss an Chantal Mouffe und Ralf Dahrendorf. In K. Berr & C. Jenal (Hrsg.), *Landschaftskonflikte* (S. 423–437). Wiesbaden: Springer VS.
Weber, F. (2019c). Diskurstheoretische Landschaftsforschung. In O. Kühne, F. Weber, K. Berr, & C. Jenal (Hrsg.), *Handbuch Landschaft* (S. 105–117). Wiesbaden: Springer VS.
Weber, M. (1976). *Wirtschaft und Gesellschaft. Grundriß der verstehenden Soziologie. Wirtschaft und Gesellschaft. Grundriß der verstehenden Soziologie*. Tübingen: Mohr (Erstveröffentlichung 1922).
Weber, F., & Jenal, C. (2016). Windkraft in Naturparken. Konflikte am Beispiel der Naturparke Soonwald-Nahe und Rhein-Westerwald. *Naturschutz und Landschaftsplanung, 48*(12), 377–382.

Weber, F., & Jenal, C. (2018). Gegen den Wind – Konfliktlinien beim Ausbau erneuerbarer Energien in Großschutzgebieten am Beispiel der Windenergie in den Naturparken Soonwald-Nahe und Rhein-Westerwald. In F. Weber, F. Weber, & C. Jenal (Hrsg.), *Wohin des Weges? Regionalentwicklung in Großschutzgebieten* (Arbeitsberichte der ARL, Bd. 21, S. 217–249). Hannover: Selbstverlag.

Weber, F., & Kühne, O. (2017). Hybrid suburbia: New research perspectives in France and Southern California. *Quaestiones Geographicae, 36*(4), 17–28. https://doi.org/10.1515/quageo-2017-0033.

Weber, F., & Kühne, O. (2019). Essentialistische Landschafts- und positivistische Raumforschung. In O. Kühne, F. Weber, K. Berr, & C. Jenal (Hrsg.), *Handbuch Landschaft* (S. 57–68). Wiesbaden: Springer VS.

Weber, F., & Weber, F. (2014). Naturparke als Regionalmanager – Instrumente einer grenzüberwindenden und „nachhaltigen" Regionalentwicklung?! In S. Grotheer, A. Schwöbel, & M. Stepper (Hrsg.), *Nimm's sportlich – Planung als Hindernislauf* (Arbeitsberichte der ARL, Bd. 10, Bd. 10, S. 48–61). Hannover: Selbstverlag.

Weber, F., & Weber, F. (2015). Naturparke und die Aufgabe der nachhaltigen Regionalentwicklung. Jenseits von Wanderwegemarkierern und Parkbankaufstellern. *Naturschutz und Landschaftsplanung, 47*(5), 149–156.

Weber, F., Kühne, O., Jenal, C., Aschenbrand, E., & Artuković, A. (2018a). *Sand im Getriebe. Aushandlungsprozesse um die Gewinnung mineralischer Rohstoffe aus konflikttheoretischer Perspektive nach Ralf Dahrendorf*. Wiesbaden: Springer VS.

Weber, F., Weber, F., & Jenal, C. (Hrsg.). (2018b). *Wohin des Weges? Regionalentwicklung in Großschutzgebieten* (Arbeitsberichte der ARL, Bd. 21). Hannover: Selbstverlag.

Weith, T., & Danielzyk, R. (2016). Transdisziplinäre Forschung – Mehrwert für die Raumwissenschaften. Fünf Thesen zur Diskussion. *Nachrichten der ARL, 2*, 8–12.

Welsch, W. (1996). *Vernunft. Die zeitgenössische Vernunftkritik und das Konzept der transversalen Vernunft*. Frankfurt a. M.: Suhrkamp.

Welsch, W. (2002). *Unsere postmoderne Moderne* (6. Aufl.). Berlin: Akademie.

Wildfeuer, A. G. (2011). Wert. In P. Kolmer & A. G. Wildfeuer (Hrsg.), *Neues Handbuch philosophischer Grundbegriffe* (Bd. 3, S. 2484–2504). Freiburg im Breisgau: Alber.

Wille, C. (2014). Räume der Grenze – eine praxistheoretische Perspektive in den kulturwissenschaftlichen *Border Studies*. In F. Elias, A. Franz, H. Murmann, & U. W. Weiser (Hrsg.), *Praxeologie. Beiträge zur interdisziplinären Reichweite praxistheoretischer Ansätze in den Geistes- und Sozialwissenschaften* (Materiale Textkulturen, Bd. 3, S. 53–72). Berlin: de Gruyter.

Wille, C. (Hrsg.). (2015). *Lebenswirklichkeiten und politische Konstruktionen in Grenzregionen. Das Beispiel der Großregion SaarLorLux: Wirtschaft – Politik – Alltag – Kultur* (Kultur und soziale Praxis). Bielefeld: transcript.

Wille, C., Reckinger, R., Kmec, S., & Hesse, M. (Hrsg.). (2014). *Räume und Identitäten in Grenzregionen. Politiken – Medien – Subjekte*. Bielefeld: transcript.

Williamson, O. E. (1979). Transaction-cost economics: The governance of contractual relations. *Journal of Law and Economics, 22*(2), 231–233.

Wittgenstein, L. (1995). *Tractatus logico-philosophicus. Tagebücher 1914-1916. Philosophische Untersuchungen* (10. Aufl.). Frankfurt a. M.: Suhrkamp (Werkausgabe Band 1).

Zahavi, D. (2007). *Phänomenologie für Einsteiger*. Stuttgart: UTB/W. Fink.

Zube, E. H., & Pitt, D. G. (1981). Cross-cultural perceptions of scenic and heritage landscapes. *Landscape Planning, 8*(1), 69–87. https://doi.org/10.1016/0304-3924(81)90041-1.

Zürn, M. (2008). Governance in einer sich wandelnden Welt – Eine Zwischenbilanz. In G. F. Schuppert & M. Zürn (Hrsg.), *Governance in einer sich wandelnden Welt* (Politische Vierteljahresschrift Sonderheft, Bd. 41, S. 553–580). Wiesbaden: VS Verlag.

The manufacturer's authorised representative in the EU is Springer
Nature Customer Service Centre GmbH, Europaplatz 3, 69115 Heidelberg,
Germany. If you have any concerns regarding our products, please
contact ProductSafety@springernature.com

Printed and bound by CPI Group (UK) Ltd, Croydon, CR0 4YY

25/03/2026

02078186-0019